Un pionero *de la* Patagonia

Miguel de Larminat

Un pionero de la Patagonia

La vida fascinante de don Santiago de Larminat

Editorial El Ateneo

Larminat, Miguel de
 Un pionero de la Patagonia. - 1º ed. - 2º reimp. - Buenos Aires:
 El Ateneo, 2005.

 296 p.; 24 X 17 cm

 ISBN 950-02-6384-X

 1. Larminat, Jacques de - Biografía I. Título
 CDD 923.9

Diseño de tapa e interiores: Eduardo Ruiz

© 2004, Miguel de Laminat

Título: Un pionero de la Patagonia

Autor: Miguel de Larminat

Primera edición, segunda reimpresión de Editorial El Ateneo
© Grupo ILHSA S.A., 2005
Patagones 2463 - (C1282ACA) Buenos Aires - Argentina
Tel.: (54 11) 4943 8200 - Fax: (54 11) 4308 4199
E-mail: editorial@elateneo.com

ISBN 950-02-6384-X

Impreso en Talleres Verlap S.A.
Comandante Spurr 653, Avellaneda,
provincia de Buenos Aires,
en el mes de junio de 2005.

AGRADECIMIENTOS

Mi reconocimiento va a las siguientes personas:

Juan Pablo y Cecilia Correa, que creyeron en este proyecto desde el primer día. Sin su invariable optimismo y apoyo, no hubiera podido realizar este libro.

César Aira, que me ayudó tanto a darle forma y calidad a la redacción.

La directora de mi editora, Luz Henríquez, que me recibió con interés y simpatía.

Las tías Jacqueline, Simone y Rosa Ana, que me dieron información y sostén, y la tía Michelle, que me ayudó con las fotos de época.

María Ana de Larminat, que me comunicó sus recuerdos.

La tía Jeanine, que me permitió reproducir las acuarelas de mi abuelo.

Christine de Larminat, que me mandó las memorias de su tía Paule, Bruno de Larminat, que me ayudó a encontrar mi camino en la familia de Francia, y René de Larminat, que me dio acceso a sus archivos.

Pascal de Cugnac, que trabajó en el scanning.

Bonifacio Del Carril, que siempre me alentó y escribió las solapas del libro.

Mis padres, que me apoyaron en este proyecto.

Isabel mi esposa y mis hijos Victoria y Pablo, que soportaron las largas horas pasadas en la computadora.

INTRODUCCIÓN / *13*

1. Mi abuelo en mis recuerdos / 17

2. Los ancestros / 45

3. La decisión: ¿por qué la Argentina? / 53

4. La gran aventura / 65

5. El aprendizaje en el campo / 77

6. Primeros pasos en la Patagonia / 93

7. De Buenos Aires a Cerro de los Pinos / 103

8. La formación de la estancia / 127

9. El viaje a Magallanes / 143

10. La Guerra / 163

11. La organización de la familia / 197

12. Los años 30: la gran crisis / 221

13. La Segunda Guerra,
la prosperidad y el peronismo / 237

APOSTILLA / 257
CUADROS GENEALÓGICOS / 259

INTRODUCCIÓN

ESTE LIBRO CUENTA LA VIDA DE MI ABUELO, Jacques de Larminat, don Santiago. Si bien es una historia privada de un hombre y de su familia, en buena medida es también la historia de la Patagonia y sus pioneros, y una parte de la historia de la Argentina. La figura a la vez severa y benévola de mi abuelo, "Bon Papa" como le decíamos, fue una presencia importante en mi infancia y juventud, y ha seguido siendo una influencia en muchos aspectos de mi vida. Lo veo, en el que creo que es mi primer recuerdo de él, saliendo por la puerta principal de su casa, con su hermano Esteban, bajando los tres peldaños de la escalinata del frente; era verano, y el enorme sauce llorón que daba sombra a la entrada de la casa parecía temblar bajo el sol implacable del verano cordillerano. Debía de ser un domingo, después del almuerzo, ya que ése era un momento en que mi abuelo salía a sentarse en alguno de los bancos frente a la casa a disfrutar la vista de sus queridos árboles y del volcán Lanín, que todavía se veía en aquella época: más tarde lo ocultó el follaje y nadie quiso cortar los árboles que habrían sido necesarios para restablecer el panorama majestuoso.

Alrededor de 1955, cuando yo andaba por los cinco años, en la estancia había cuatro casas principales. En el centro del casco, sobre la margen derecha del río Chimehuín, la casa de mi abuelo, que era la

13

casa principal. Cerca de ella, la nuestra, y un poco más lejos la de mi tío Bernardo. Bernardo y Andrés, mi padre, eran los dos hijos mayores de don Santiago, y los únicos varones. Al otro lado del río, muy cerca del lugar donde muchos años después yo hice mi propia casa, estaba la de mi tío abuelo Esteban. Las casas de mi abuelo y su hermano, levantadas en los años veinte, testimonios de la época heroica de la población de la zona, eran totalmente construidas de madera y estaban pintadas de blanco con un tinte de ocre, con sus techos y zócalos pintados color lacre.

Con mi abuelo y mi abuela Magdalena, una bella señora de pelo blanco como la nieve y ojos increíblemente azules, vivían cinco de mis tías, solteras: Jacqueline, Simone, Jeanine, Rose Anne y Michelle. La sexta, Guillemette, se había casado con Jacques Pesme, un francés de Marruecos, donde vivían. En casa de mi tío abuelo Esteban y su mujer Geneviève vivían tres de sus hijas, Claire, Alix y Thérèse; el hijo varón, Jean, estaba en Buenos Aires, y la mayor de las mujeres, Elisabeth, se había casado con un estanciero de origen vasco, don Andrés Laxague, y vivían en Coronel Pringles, provincia de Buenos Aires, dedicados a la producción de hijos (tuvieron diecinueve) y de cereal. Otras dos hermanas, Monique y Odile estudiaban para ser monjas benedictinas.

La casa de mi tío Bernardo, igual que la nuestra, era de piedra labrada, con techo de tejuela de madera pintado de rojo, estilo en el que se hicieron en adelante todos los edificios de la estancia; Bernardo y su mujer Manina tuvieron diez hijos, de los que por entonces habían nacido los mayores, María Ana, gran amiga mía, y Eduardo, coetáneo y compinche de mi hermano Pedro, y Mercedes, Verónica y Carlos, muy chicos; después vendrían Nicolás, María Elena, Luis Enrique, María Susana y Cecilia. Nosotros sólo éramos tres. Pero no faltaban niños, sobre todo en verano, cuando llegaban de vacaciones los primos Laxague, y también los primos por el lado de mi madre, los Iribarren (Claude, Paul y Pifi) que eran mayores que nosotros pero muy buenos compañeros de juegos y grandes amigos, y que a su vez traían cada verano sus propios amigos.

En 1956, cuando Francia se desprendió de Marruecos, también vinieron por un par de años mis tíos Pesme, que en ese entonces sólo tenían tres hijos (Olivier, Chantal y el pequeño Xavier), luego aumentados a siete, siguiendo la tradición prolífica de la familia, y también se juntaba una prima de los Bernardo, la bonita Christine Hansen, que hacía parte del montón. Semejante ejército infantil era propicio para la organización de juegos de todo tipo, que nunca necesitaron juguetes comprados, pues sobraban las inmensas riquezas que la naturaleza nos ponía al alcance de la mano. Se organizaban grandiosos picnics, natación en el río Chimehuín, salidas a caballo, campamentos, trabajos con la hacienda, asados, batallas con espadas de madera, arcos y flechas, conquistas de bosques y montes en manos del bando enemigo, y persecuciones a todo galope por el vasto parque.

Una demostración de la facilidad que teníamos para arreglarnos sin incurrir en el más mínimo consumo se ve en la siguiente historia: Recuerdo que los Iribarren tenían por costumbre de parar unos días en lo de mis primos Laxague, en Coronel Pringles, antes de llegar a nuestra casa. Allí, los Laxague recibían muchas publicaciones francesas, y entre otras, siempre tenían los últimos libros de una serie de tiras de historietas ilustradas de un personaje que luego se volvió célebre, el periodista Tintin y su perro Milou. Mis primos Iribarren, y en especial Paul, adoraban esas aventuras de Tintin y cada año, apenas llegaban a lo de Laxague, leían y releían las últimas novedades de punta a punta de tal manera que prácticamente se las aprendían de memoria. Cuando llegaban a Cerro de los Pinos, nosotros lo esperábamos a Paul con enorme ansiedad y le suplicábamos que nos cuente las nuevas aventuras de Tintin que cada año eran más apasionantes, y a las cuales no teníamos otro acceso, ya que mis padres de ninguna manera iban a comprar semejantes frivolidades, menos aún con el precio que tenían en francos franceses. Paul era buenísimo contando y nos tenía a mis primos y a nosotros colgados de sus labios, y hasta nos hacía unos dibujos con los distintos escenarios, incluidos los cohetes a la Luna y los submarinos de bolsillo que usaba Tintin para explorar el espacio o bien ir a rescatar los tesoros de las islas del Pacífico. Este es un caso de verdadera tradición oral en pleno siglo XX, y todo el proceso tenía tal precisión que llegábamos a hacer concursos para determinar quién de todos nosotros sabía mejor de memoria los nombres de cada persona-je y los escenarios de cada episodio.

Mi abuelo en mis recuerdos

En el recuerdo veo salir a mi abuelo de la casa con una chaqueta liviana, sombrero de algodón muy usado y polainas de lana. Habitualmente vestía de color beige más o menos claro. Su hermano Esteban, un poco mayor que él, prefería la gama de los grises, y un sombrero más elegante. Al envejecer, mi abuelo empezó a usar pantalones de tela de algodón Grafa, pero en aquel entonces usaba todavía esas polainas de lana, igual que Esteban. Los dos se parecían, y usaban el mismo bigote blanco, pero mi abuelo era mucho más corpulento, y tenía un asombroso parecido con Albert Einstein. Su paso era un tanto oscilante, con las piernas arqueadas y moviendo bastante los brazos para equilibrarse, pero así y todo caminaba varios kilómetros por día. Esteban en cambio era poco dado al esfuerzo físico; más intelectual que mi abuelo, era ingeniero, y se había ocupado de todo el equipamiento de la estancia; en los años de mi infancia ya no trabajaba; llevaba una vida muy sencilla, y había optado por residir en la ribera norte del Chimehuín, lugar muy aislado en aquella época, para fastidio de mi tía abuela, que era una mujer muy sociable.

A la casa de mi abuelo la llamábamos la Casa Vieja. La nuestra estaba a cien metros, y cuando los chicos le hacíamos una visita, éramos bienvenidos por mis tías y mi abuela. El cuarto de mis abuelos era cálido y acogedor, con sus grandes ventanas, sus muros revestidos de madera de raulí, sus tapices mapuches en tonalidades marrón, blanco y negro, y el enorme armario de tres puertas con un espejo ovalado en el medio. En las paredes, acuarelas de mi abuelo, una fotografía de todos los hijos reunidos, con mi padre y mi tío Bernardo en uniforme militar, y varias imágenes religiosas. Mi abuela tenía un carácter muy dulce y profesaba una auténtica adoración para con su marido: encontraba excelente todo lo que él hacía, sin más, y ésa debió de ser la fórmula de la felicidad matrimonial. Con los nietos era afectuosa y divertida; nos leía cuentos de libros que conservaba desde su propia infancia, por ejemplo los de la Condesa de Ségur, unos libros encuadernados en tela color rosa viejo con letras de oro, donde sucedían las aventuras apasionantes de Sophie, la nieta de la autora, que tenía abuelos rusos que habían vivido en el campo como nosotros. En cuanto a mis tías, aportaban su invariable alegría y su originalidad; varias de ellas dibujaban muy bien, hacían acuarelas, tocaban el piano, y recuerdo que mi tía Jacqueline hacía encuadernaciones en cuero que me parecían bellísimas. Terminadas las faenas del día, se nos unía mi abuelo.

Magdalena de Larminat

20

La conversación de don Santiago siempre era interesante e instructiva. No le interesaba el "small-talk", como llaman los ingleses a las charlas amenas y superficiales que se estilan en los salones mundanos; su conversación siempre tenía un objeto definido. Muchas veces sus asociaciones llevaban el rumbo de la charla hacia tópicos totalmente inesperados, pero siempre originales y creativos. Tanto él como mi abuela, por tradición familiar, eran fervientes católicos, bastante esclarecidos. Recuerdo el prestigio que tenían en la casa los grandes escritores religiosos franceses, que se leían y comentaban en familia: Fénelon, Bossuet, Pascal, Claudel. La familia de mi abuela se había ilustrado con uno de sus miembros, el padre Jogue, un jesuita que murió a manos de los indios iroqueses del Québec (Canadá) que había ido a catequizar, en la época de Luis XV. La muerte de este antepasado estaba representada en un grabado que nos intrigaba: se lo veía semidesnudo, atado a un poste en medio de las llamas, rodeado de indios. Mi abuela nos contaba su historia mientras mirábamos boquiabiertos el grabado, y el comentario de mi abuelo deploraba la torpeza de Luis XV de vender el Canadá a Inglaterra después de describir despectivamente a la colonia como "quelques arpents de neige" (unas hectáreas de nieve). En mi primera infancia, mi abuelo nos reunía a los primos más grandes y nos encantaba con cuentos que eran una selección de fábulas de La Fontaine e historias tradicionales francesas, que él tenía escritas en unas libretas ilustradas con sus acuarelas; a veces nos regalaba algún dibujo con el cuento escrito atrás. También tenía en su repertorio mitos griegos y romanos, anécdotas de la Primera Guerra Mundial, de la que había participado, o de sus viajes por la Argentina o el mundo.

En verano nuestros juegos se desarrollaban al aire libre. Recuerdo en particular un famosísimo hipopótamo de madera, hecho por uno de los hermanos de mi abuelo (creo que Robert) para sus hijos, que se podía montar y jinetear tomándose de las orejas, que eran de cuero. El animal era de madera machihembrada pintada de gris perla brillante, y la cabeza, con el hocico pintado de color lacre, se movía arriba y abajo, lo que nos divertía inmensamente. En invierno nos reuníamos a jugar con cubos de madera en un cuartito al lado del dormitorio de mis abuelos, donde don Santiago había pintado en la pared verde aguamarina unos animales africanos color rojo y negro, que daban la vuelta alrededor del cielo raso. Los mirábamos sin creer del todo que esos animales pudieran existir de verdad; en nuestras montañas patagónicas era difícil imaginarse jirafas, monos, rinocerontes, elefantes y cebras. En realidad ese cuarto era el de la máquina de tejer, aparato que a mí me parecía enorme y donde a veces mi abuela se sentaba a tejer pulóveres. Otras veces nos llevaban a un cuarto del primer piso, que se llamaba "la Clase", ya que era el sitio donde mi padre y sus hermanos habían recibido clases antes de ir al colegio a Buenos Aires. Al lado de éste estaba el cuarto de mis tías, donde también mi abuelo había pintado animales y escenas dando la vuelta al techo, sobre la pared que era de color marfil: éstas eran pinturas que ilustraban canciones populares francesas como "Sur le Pont d'Avignon", "À la Claire Fontaine", "Le Vieux Moulin" o "Le Roi Dagobert".

Más tarde iríamos también, mis primos y yo, a clase, con mis tías y mi abuelo como maestros, además de mi madre, que nos enseñaba castellano y nos hacía pasar como alumnos libres los grados de la escuela de San Martín de los Andes. Junto con mis primos mayores, María Ana y Eduardo, y mi hermano Pedro, seguíamos en casa de mi abuelo los cursos de la escuela primaria francesa, hasta que llegaron las institutrices, las famosas "Mademoiselles", que repetían treinta años después las "Mademoiselles" que habían tenido mi padre y sus hermanos.

Esos primeros años de estudio fueron muy especiales, y al recordarlos me admiro del modo en que mi abuelo supo captar la atención y el interés de los chicos de seis o siete años que éramos. Sus materias eran la historia y la geografía, y también el latín, lengua que amaba y

La Casa Vieja

en la que había recibido una buena formación. Años después, cuando yo ya tenía una preceptora francesa, Mademoiselle Lafleur des Pois, me carteaba en latín con mi abuelo cuando él hacía sus viajes a Europa; recuerdo las largas discusiones que tuve con Mademoiselle cuando yo, de once años, le escribía a don Santiago contándole que me habían regalado una carabina calibre 22: ¿Debía declinar la palabra "carabina"? Y en ese caso, ¿en cuál declinación? ¿En la primera, como "rosa, rosae, rosam"? En ese caso debería ser "carabina, carabinae, carabinam"... Al final decidimos no declinarla.

Los cursos que nos daba mi abuelo estaban iluminados por su amor por la naturaleza, que hacía apasionantes para nosotros sus lecciones de geografía y geología. Gracias a su agudo sentido de la observación, podía describirlo todo de la manera más vívida y atractiva. Árboles, ríos, lagos, montañas, todo tomaba vida en sus palabras y en sus dibujos. Y sobre todo las piedras; la geología no estaba en los programas escolares, pero para él era importante, y traía del campo ejemplares de cuarzo, feldespato, granito, caliza, troncos petrificados, fósiles, y nos mostraba las diferencias y características de cada una, su utilidad y su belleza.

No era menor el interés que despertaba en nosotros con sus clases de historia. No se ceñía a los programas oficiales, ni debía de saber de su existencia: nos hablaba de lo que a él le parecía importante como ejemplo de vida, y, lo más fascinante para nosotros, no adaptaba su enseñanza al nivel mental real o supuesto de chicos de siete años. Recuerdo en especial sus incursiones en la mitología griega y romana, de las que me quedó un afecto que perdura hasta hoy por esos dioses y semidioses que él describía con tanto humor y originalidad. La guerra de Troya, la Ilíada y la Odisea, los trabajos de Hércules, la Eneida, eran cuentos que duraban horas y días y siempre quedaban en suspenso hasta la clase siguiente. Lo mismo las historias de los reyes de Francia, que iban desfilando siglo tras siglo, y sobre los que él tenía opiniones bien formadas: los había buenos y malos, príncipes progresistas y malos gobernantes. Recuerdo que nos hizo un retrato especialmente detallado de Luis XI, a quien por aquel entonces los libros de texto describían como un soberano cruel y mezquino: para mi abuelo en cambio había sido uno de los reyes más importantes de la historia de Francia, y quince años después su postura fue convalidada por un memorable libro del historiador norteamericano Paul M. Kendall. También admiraba a Luis XIV, aunque desaprobaba su despilfarro de los dineros públicos en construcciones suntuarias como Versailles; en cambio despreciaba al malogrado Luis XVI, "un blando dominado por su esposa y completamente incapaz de asumir su papel de jefe de Estado". Obviamente, el último Capeto no respondía a las consignas patriarcales de mi abuelo.

24

Santiago de Larminat rodeado por sus nietos

Nos contaba también la historia europea de fines del siglo XIX y principios del XX, con la inmediatez de alguien que había participado personalmente en ella. Si bien él y sus hermanos combatieron contra Alemania en la Primera Guerra Mundial, y sus hijos en la Segunda, tenía una postura sorprendentemente contemporizadora con este país; juzgaba a Alemania una aliada natural de Francia, mucho más que Inglaterra, potencia a la que consideraba esclava de sus intereses a corto plazo y por lo tanto poco de fiar; siempre la llamaba "la pérfida Albión", y recordaba la ferocidad de la explotación del hombre en las minas inglesas en los años de la reina Victoria. Por el contrario, admiraba al conde Bismark, y, más cercano a nuestro tiempo, a Adenauer, constructor junto con el general De Gaulle de la formidable empresa que fue la Comunidad Europea del Carbón y el Acero, que con el tiempo evolucionaría a la Comunidad Europea. Con De Gau-

25

lle, mi abuelo tenía una historia de amor y odio muy peculiar: reconocía su talla de hombre de Estado, su visión y su heroísmo en momentos de la capitulación de Francia, pero lo preocupaban sus vínculos con la izquierda, y cuestionaba que hubiera incluido ministros comunistas en su gobierno de coalición en 1945.

Otro tema en el que se explayaba con gusto era el imperio colonial francés. Escuchábamos absortos su relato de las historias de conquistas en el norte de África, en Indochina, y especialmente del corazón del África, el África negra, con las peleas entre alemanes, franceses e ingleses. Los nombres del capitán Marchand y del incidente de Fachoda, los del sheik Abd-el-Kader, Livingstone y Stanley, y por supuesto el mariscal Lyautey, despertaban en nuestras mentes infantiles excitantes sentimientos de misterio y aventura.

Cuando se refería a la historia argentina, lo hacía desde sus convicciones políticas, y desde las esperanzas con las que vino al país a principios del siglo XX. Ponderaba a los gobiernos de la generación del 80, bajo los que había iniciado sus trabajos de pionero. Y si bien exceptuaba a Alvear, les criticaba a los radicales su poca capacidad de acción, desde Yrigoyen a Illia: decía que los radicales se habían empeñado en actuar al revés de la divisa romana "Res, non verba" (hechos, no palabras), que él citaba como la divisa de la familia.

Pero su postura más adversa la reservaba para Perón, a quien calificaba con toda contundencia de mentiroso, demagogo irresponsable, ladrón, hombre sin ética y culpable del inmenso atraso que sufrió el país con él. Le reprochaba la degradación moral que a su juicio había producido el régimen peronista en la población, a quien se le enseñó a no pensar más que en sus derechos, olvidándose de sus deberes. Tampoco le perdonaba a Perón sus métodos fascistas, su oportunismo al declararle la guerra a Alemania después de que esta nación estuviera vencida, con el solo objeto de apoderarse de las empresas alemanas instaladas en la Argentina. Un ciudadano cabal como don

Santiago no podía admitir el culto a la personalidad que promovieron Perón y Evita, ni las prebendas e impunidad ante la ley de las que gozaban los amigos del régimen, ni las alianzas incondicionales y corruptas con los sindicatos.

Un día de septiembre de 1955, mi padre me había llevado consigo en un viaje a Zapala, en el viejo Dodge que tenía la familia en ese entonces. Yo tenía cinco años. Salimos a las seis de la mañana, un día muy frío, con una neblina espesa cubriendo valles y montañas. Al llegar al cuartel militar de Junín de los Andes topamos con una barrera con equipos militares dispuestos en la curva de la ruta, que nos impedía seguir viaje. Después de esperar un rato en el auto detenido, todavía antes de que saliera el sol y con un frío intenso, vino el oficial a cargo de la guardia que reconoció a mi padre y le dijo algo que me impresionó tanto que lo recuerdo todavía: "Don Andrés, vuélvase a la estancia y quédese allí, porque si no lo tengo que mandar adentro inmediatamente". Volvimos atrás, y pasamos el día escuchando por la radio los comunicados de la insurrección, temerosos de que Perón lograra detener el golpe, porque se decía que si ganaban, los peronistas se quedarían con el campo y lo repartirían entre sus amigos. Cuando Perón al fin se embarcó en la famosa cañonera paraguaya, mi abuelo descorchó una de las poquísimas botellas de champagne Pommery que guardaba en la bodega, y celebramos.

Aun descontando su tirria al peronismo, mi abuelo no tenía ningún respeto por la clase política argentina, a la que en su última carta a su hermano José, en septiembre de 1970, califica sin ambages de infame. Su crítica apuntaba a la incapacidad de los políticos para corregir los problemas reales que iban apareciendo, su propensión a mentirle al pueblo para congraciarse con él, su falta de vocación por el bien público, y su deshonestidad. Para un humanista convencido como él, que un gobernante le escondiera la realidad a sus gobernados con mentiras era un insulto a la capacidad intelectual de todo pueblo.

Cuando mi padre fue elegido diputado convencional para redactar la Constitución de la provincia de Neuquén en 1957, mi abuelo tuvo dudas y objeciones sobre este paso, pero al fin se impuso la larga tradición de servicio al Estado de la familia Larminat, y lo apoyó. A mi madre en cambio no le gustaba esa actividad de su marido, y sufría mucho por su alejamiento físico, ya que en ese entonces la ciudad de Neuquén, donde sesionaba la Convención Constituyente, estaba muy mal comunicada con nuestra zona, y mi padre pasaba largas semanas ausente. Aun así, fue una época de enseñanzas y resultados, y mi padre inició allí su amistad con don Felipe Sapag, que después fue por décadas el principal hacedor de la provincia.

La posición política de don Santiago no era nada retrógrada, y tenía auténtica sensibilidad para los problemas contemporáneos. Cuando sucedieron los hechos de mayo de 1968 en Francia, les escribía a sus hermanos, aterrados por los disturbios, que a él le parecía perfectamente normal que los jóvenes se rebelaran contra una sociedad que los había encerrado en funciones determinadas sin dar lugar a la fantasía, a las preferencias individuales y al libre albedrío. En una carta, decía: "A estos pobres muchachos les hacen lo mismo que nosotros les hacemos a las ovejas en la Patagonia para bañarlas: las vamos encerrando en corrales cada vez más pequeños, y al final las ponemos en una manga que las lleva inexorablemente a caer en la bañadera en la que casi se ahogan cada vez. Me parece no solamente normal, sino deseable que estos chicos traten de saltar como puedan la valla del estúpido corral antes de caer a la bañadera".

Tenía un carácter fuerte y autoritario, que disimulaba bajo la más perfecta e inalterable cortesía. A veces sus enojos eran volcánicos, y montaba en cóleras gigantescas, pero nunca soltaba una palabrota. En cualquier circunstancia podía enunciar sus ideas usando el léxico más pulido y las palabras más adecuadas y precisas, y cuando daba una instrucción o una orden, nadie podía confundirse sobre su significado. Era un hombre bastante orgulloso, y su autoestima era alta: esta característica hacía que a veces fuera considerado soberbio; también tenía una tendencia a hacer prevalecer lo que a él le interesaba antes que nada, y a veces dejaba relegados los derechos y las aspiraciones de los otros componentes de su familia y de su entorno, ya que casi siempre lo que a él le interesaba era lo que tenía prioridad.

En su casa reinaba un ambiente muy patriarcal. En el salón, calentado por una salamandra de fundición esmaltada, había muchos objetos que hablaban del pater familias: en un pequeño presentador de madera con puertas de vidrio estaban las numerosas condecoraciones que había recibido durante la guerra. Eran fascinantes para nosotros los niños, atraídos por el color de las cintas de seda y el dorado de las medallas; por supuesto, jamás nos permitió tocarlas. Enmarcada en la pared, una foto de la casa de la familia, en Sologne, y algunas acuarelas pintadas por él. También había objetos traídos de sus viajes al África del Norte.

En el comedor, una enorme mesa redonda daba cabida a unos veinte comensales. Ese ambiente estaba revestido todo en madera, y tenía dos grandes ventanas que daban a la vieja cancha de tenis; en una esquina estaba el piano de mi abuela. Más incongruente, en una pared colgaba un gran cuadro, un grabado con una escena de las guerras púnicas, Aníbal entrando a Italia con sus elefantes y matando romanos a diestra y siniestra. Ese grabado nos gustaba por la violencia, y por los elefantes.

La comida era abundante y sencilla, hecha exclusivamente con productos de la estancia: pollos, huevos, manteca, chicha (una sidra muy seca hecha con las pequeñas manzanas amargas del campo), carne, casi siempre de oveja en verano, y de vaca vieja y dura en invierno, y postres que en verano eran de frutas caseras como frambuesas y grosellas, o membrillos de la huerta, y, en invierno, una especie de crema de vainilla caramelizada que se llamaba la "bouillie blanche" (papilla blanca) y que los niños adorábamos. También había deliciosas frutas secas que se preparaban en un secador a leña ubicado en el piso alto de la casa, a la que llenaba con un perfume extraordinario cuando se secaban ciruelas, manzanas o peras del vergel.

Hacia el final de su vida don Santiago trabajaba poco en el campo; las tareas con la hacienda las dejaba a cargo de sus dos hijos varones. Solamente aparecía en los corrales cuando se hacían los grandes trabajos de primavera y otoño, especialmente los que tenían que ver con las ovejas, que eran los más impresionantes. Se mantenía al tanto de la actividad en la estancia, y discutía con mi padre y mi tío sobre el trabajo de los peones, el resultado de la parición, el peso y la calidad de la lana...

Don Santiago y sus ovejas

Conservo el recuerdo del sentimiento reconfortante al verlos a los tres charlando en medio de miles de ovejas que pasaban por la esquila o el baño contra la sarna que se les daba una o dos veces por año.

Para ese entonces a mi abuelo ya le interesaban más los árboles de su parque que los animales, y pasaba mucho tiempo recorriéndolo, plantando nuevas esencias que traía de sus viajes o le enviaban sus amigos. A veces lo encontrábamos en medio de un bosque con su serrucho de desramar, con su típico traje de fajina de tela de algodón beige, abriendo senderos (que él llamaba "circuitos de paseo"), o decidiendo la construcción de un puentecito sobre un arroyo o instalando un banco de plaza aquí o allá para que mi abuela, gran caminadora del parque, pudiera sentarse a descansar. Tenía un pequeño vivero para preparar sus plantas y sembrar sus semillas; ese vivero, distinto del gran vivero de la estancia, era un cuadrito de un cuarto de hectárea rodeado de alambre tejido para proteger a los plantines de las liebres, con su casita de adobe y techo de chapa de latas de aceite desplegadas; lo llamábamos "la Panchatière", porque había sido un puesto habitado por una mujer llamada la Pancha. Él pasaba mucho tiempo allí, y en la casita guardaba sus herramientas; ese rancho tenía dos cuartos donde se guardaban los jamones en grandes cubas que eran bordelesas cortadas en dos, llenas de salmuera.

Una tarea especialmente divertida, en la que participaba toda la familia, era el faenado de los chanchos, en el mes de junio, tarea que llevaba varios días y de la que resultaba la fabricación de los jamones, que se metían en las cubas luego de frotarlos con salitre y especias, para después ahumarlos con un pasto que abunda en el campo y que llamábamos la "hierba del jamón". Mi abuelo supervisaba todo, iba de un grupo de trabajo a otro y comentaba el gusto y el sazonado de cada factura. Además de los jamones, se hacían morcillas blancas y negras, queso de chancho, patés, salames y salamines, lomitos ahumados, paletas, y todo se almacenaba en la Panchatière. En otras cubas, allí mismo, se guardaba el chucrut, que fabricaban mis tías en invierno cuando los repollos estaban maduros: después de lavarlos en agua helada, se los rayaba sobre una especie de reja cortante que se ponía sobre la cuba, y se iba alternando con capas de sal gruesa, hojas de laurel y bayas de enebro negro que íbamos a cosechar con mi hermano y primos, pinchándonos las manos. También había frutas de buen olor en los estantes, y huevos en cubas con líquido conservante, ya que no había heladera. Mi padre mantendría estas prácticas muchos años más.

Otro trabajo de la estancia que atraía a los niños era la fabricación de las ruedas de carro. En ese entonces no había buenas rutas, y en el campo todo se debía transportar en carros de bueyes muy sólidos, que fabricaba un herrero chileno que se llamaba Villablanca, del cual yo era gran amigo. Era un chileno malhumorado, muy trabajador, un artista tanto en carpintería como en herrería, y los carros salían de sus manos desde el primer clavo hasta la pintura final; trabajaba en un galpón cerca de la casa de mi abuelo, que naturalmente se llamaba la Herrería. Allí se enllantaban las ruedas de los carros, una vez por año, y era un espectáculo para no perdérselo. Villablanca preparaba durante meses los cuerpos de los carros, con especial atención a las ruedas, que tenían un diámetro de un metro sesenta y se hacían de madera dura del norte. Eran de madera el núcleo central, los rayos que partían de él, y la circunferencia en la que se engarzaban los rayos. Se hacían dos o tres pares por año, y lo mágico era el proceso de colocación de las llantas; éstas eran unos sunchos de acero de media pulgada de espesor, a los que Villablanca iba dando forma en la forja, hasta hacer un círculo de diámetro ligeramente menor que las ruedas de madera. Entonces se convocaba a todo el personal, y por supuesto íbamos todos los chicos, y se hacían unas enormes hogueras de leña que tapaban las llantas para calentarlas al rojo vivo. El cálculo era tan preciso que con la dilatación producida por el calor la llanta entraba justo en la rueda de madera, que por lo general empezaba a quemarse al entrar en contacto con el hierro al rojo, y de inmediato se enfriaba todo con baldes de agua helada para que con la constricción se ajustara la llanta a la madera, y pudiera aguantar durante años los golpes de las piedras de los caminos. Mi abuelo iba a ver el espectáculo, se ubicaba a cierta distancia y dibujaba caricaturas de los personajes. Villablanca sudaba a mares, y reponía el líquido con chicha, por lo que terminaba borracho como una cuba. Era una fiesta, y también una ceremonia mágica, con esos grandes fogones en círculo, que de repente una multitud de hombrecitos desarmaban para sacar el gran anillo de metal al rojo vivo, corrían con él hasta la rueda, y allí se formaba un nuevo fuego con llamitas brotando de la madera.

Un evento anual que convocaba a toda la familia era la doma. En la estancia había dos manadas de unas quince yeguas cada una, una con el padrillo percherón y la otra con el pura sangre. Cada año, en consecuencia, había que domar unos veinticinco o treinta potros de todo pelo y tamaño, y eso era un acontecimiento que nadie quería perderse. Se realizaba en un lugar especial, a unos cinco kilómetros de las casas, el "Corral de Doma", en donde había una lindísima vertiente que salía de la montaña, un bosquecito de pinos, un manzanal y un gran corral redondo de palo a pique en el que se encerraban los potros. La mañana del día indicado todo el mundo se hacía presente, desde el domador y sus ayudantes hasta mi abuelo, mi abuela, las tías, y todos nosotros, incluidos el tío Esteban, la tía Genoveva y los otros habitantes del lado norte del río, que en esa época llegaban en su Jeep IKA doble tracción, una maravilla tecnológica. Nos instalábamos al lado de la vertiente, en una especie de grada natural hecha con pasto y tierra, y cada uno traía su picnic, en canastos con todo tipo de pertrechos, salamines, jamones, panes, sidra, frutas y quesos, en una patagónica emulación del Derby de Epsom. La diferencia era que, si no había mucho viento, se encendía un fueguito para calentar la pava y tomar un mate, y hasta a veces se cocinaba algún pedazo de carne. El domador y los peones enlazaban cada uno su potro. Era una faena complicada, porque los animales habían vivido totalmente a campo desde su nacimiento y eran por completo salvajes. Algunos se dejaban ensillar, otros se revolcaban en el suelo y saltaban como demonios. A veces el viento hacía las cosas más difíciles, al hacer volar las pilchas del lomo del potro antes de que lo pudiera cinchar. Cuando los preparativos se completaban, el candidato montaba y se acomodaba, con el rebenque en mano y bien espueleado; cuando gritaba "Lárguenlo", salía corcoveando y a todo galope acompañado por sus dos padrinos en un viaje que nada tenía que ver con lo que se ve hoy en día en las jineteadas del pueblo: el trío se perdía literalmente en la distancia, y muchas veces el jinete terminaba a lo lejos clavado de cabeza en una enorme mata pinchuda de neneo, de donde tenía que volver caminando mientras los padrinos trataban como podían de enlazar al potro desbocado para llevarlo de vuelta al corral. Mi abuelo gozaba del espectáculo, comentaba cada galope con los espectadores, opinaba con mi padre y el tío Bernardo sobre el carácter y la estampa de los potros: su pasado de oficial de caballería durante la Primera Guerra Mundial lo inclinaba a considerar mejores los caballos pesados y fuertes, antes que a los purasangres escuálidos. Cuando había pasajes interesantes, filmaba escenas con su cámara Kodak a resorte de 16 mm de tipo cajón. Esa cámara era una verdadera maravilla de sencillez y eficiencia. Al fin mi abuelo me la regaló, cuando compró otra más moderna de formato doble ocho, que nunca le dio el resultado que le daba la Kodak. En esa época no se podían revelar las primeras películas en Kodachrome en la Argentina, de modo que se mandaban por correo aéreo a Francia y volvían después de dos meses, sin perderse nunca; su llegada daba una buena ocasión para organizar una sesión de proyección en la Casa Vieja en donde todos comentábamos de nuevo los pormenores de la doma.

El gran programa de los domingos a la mañana era ir a cazar liebres. A partir del mes de marzo, y durante todo el otoño y el invierno, nos dedicábamos a esa actividad en los valles que rodean el casco de la estancia. Por lo general los cazadores eran mi abuelo, el tío Bernardo, mi padre y a veces también don Esteban, cuando cruzaba a nuestro lado del río con su familia para asistir a la misa dominical; llevaban todos escopetas calibre 12 de dos cañones y un cinturón con cartuchos. Como acompañantes íbamos los chicos y alguna de las tías. Llevábamos varios perros, y la técnica consistía en caminar todos en línea, los no cazadores intercalándose con los cazadores; los perros iban y venían a lo largo de la línea que avanzaba, levantando las liebres, y el cazador más cercano tenía prioridad para disparar. Los chicos teníamos que ir a cobrar las liebres y acarrearlas hasta la estancia para luego sacarles el cuero, contra unos pocos centavos por pieza, ya que en invierno el cuero se vendía a buen valor. En verano, era tal la cantidad de liebres que había y el daño que hacían a las plantaciones de pinos que salíamos también a cazar, pero entonces traíamos apenas unas pocas liebres para comer, y dejábamos la mayoría de las piezas en el campo, limitándonos a cortarles las orejas para poder contarlas después. Las cacerías eran abundantes, a veces lográbamos hasta sesenta piezas en una mañana. El programa de esas salidas de caza me encantaba, y me ha dejado un recuerdo imborrable. En esas mañanas de invierno todo era silencio, casi no soplaba el viento, todo estaba cubierto de escarcha, hasta las ramas de los árboles estaban blancas, y se escuchaba el ruido del río a lo lejos; toda la naturaleza tenía ese color entre gris y beige, con algunos toques de colores muy vivos que daban los troncos anaranjados de los sauces y el reflejo del cielo en las lagunas. Solíamos caminar varias horas con el viento en contra y a cierta hora volvíamos a la ruta y mi madre nos venía a buscar con el auto: era una bendición porque estábamos muertos de cansancio de tanto caminar y de llevar todas esas liebres a cuesta. A veces, cuando habíamos cazado muchas, parábamos un rato y comenzábamos a cuerear las liebres a toda velocidad, y por supuesto se armaban carreras a

35

ver quién iba más rápido y quién arruinaba menos el cuero. A veces mi abuelo sacaba su equipo de acuarela y pintaba alguna escena.

A lo largo de su vida don Santiago mantuvo el hábito de dibujar y pintar lo que veía. En cualquier sitio donde estuviera, sacaba una libreta del bolsillo, su lápiz o sus acuarelas, y en unos instantes hacía unas encantadoras caricaturas, o paisajes, o dibujaba árboles o animales. A veces nos mostraba sus dibujos de los viajes que seguía haciendo con regularidad, ya a Francia, ya a Marruecos, o, dentro de la Argentina, a Salta y Jujuy, cuyos paisajes austeros y coloridos admiraba. A pedido de todos, había iniciado la realización de un proyecto que era la historia de su vida en acuarelas, contando visualmente las etapas de su instalación en la Argentina, los primeros años de la estancia... No terminó esta historia, pero hizo muchas acuarelas, las fotografió en diapositivas, y las proyectaba en veladas familiares. También veíamos las diapositivas que sacaba del natural; siempre fue un aficionado a la fotografía, y tenía fotos desde los primeros años de su llegada al país. En una oportunidad, en 1909, hasta fue contratado por el comisario de policía de Chimpay para fotografiar un gaucho asesinado en la pulpería local. El programa que más nos entusiasmaba a los chicos, sin embargo, era la proyección, en el salón de la Casa Vieja, de las películas en 16 mm que había filmado a lo largo de su vida: mi padre y sus hermanos cuando eran jóvenes, los trabajos de la estancia, los primos de Francia, o a veces nosotros mismos. Acompañaba estas sesiones con comentarios de todo tipo, históricos, políticos, sociológicos, y toda la familia aportaba lo suyo al ritmo de los recuerdos que surgían de las escenas en la pantalla. Había una sola película comprada, muy popular entre los chicos, y que se proyectaba muy de vez en cuando para no vulgarizarla: se trataba de un episodio de dibujos animados del Gato Félix; era muy breve, obviamente en blanco y negro, y hoy seguramente nos parecería insignificante, pero para nosotros era una ventana entreabierta a un mundo maravilloso que ignorábamos por completo,

Don Santiago con sus hijos

Don Santiago con su esposa

pues nunca veíamos dibujos animados. Por supuesto, no había televisión entonces, y nunca íbamos al cine del pueblo, lejos, y doblemente alejado por los malos caminos, y la ignorancia de la programación.

Mi abuelo creía que la vida había perdido mucha calidad a causa de la burocracia y de la paulatina desaparición de la confianza, lo que obligaba a documentar todo en forma excesiva. Decía en una carta, comentando el trabajo administrativo que hacían sus hijos: "Ya uno no tiene tiempo ni para reflexionar ni para prever. No es vida, comparada con la vida privada, tranquila, fructífera y mucho menos dispersa que teníamos antes".

También tuvo vocación de constructor. Reconocía la obligación de todo ser humano de dejar algún testimonio concreto de su breve paso por el mundo, y él había elegido dejar una familia numerosa y un asentamiento importante en Cerro de los Pinos. Entre otros proyectos, había hecho con mi abuela la promesa de construir una capilla en agradecimiento a la Virgen por el regreso de la guerra de sus dos hijos. Me tocó vivir muy de cerca la concepción y construcción de esa capilla; recuerdo, en mi primera infancia, las conversaciones sobre los planos, dibujos que mi abuelo traía de sus viajes a Francia y discutía con el constructor que hacía todos los edificios importantes de la estancia en aquella época, don David Marré. Se trataba de un inmigrante italiano radicado en San Martín de los Andes, un autodidacto que había empezado como albañil y terminó como un excelente constructor. Que mi abuelo le encomendara la construcción de la capilla lo llenó de orgullo, pues un templo es un hito en la vida de un constructor, sobre todo si es italiano.

Se trazaron los cimientos, en el predio que quedaba delante de nuestras casas, y a partir de entonces mi abuelo hizo un seguimiento cotidiano del progreso de los muros, piedra por piedra. Al fin llegó el día de empezar lo que era el "capolavoro" del edificio, o sea la bóveda de piedra labrada bajo la que estaría el altar. Mi abuelo me había dicho que ahí se iba a comprobar si Marré era de veras un constructor capaz de

La capilla

hacer una iglesia: el momento clave sería cuando se retirara el andamiaje que sostenía las piedras de la bóveda mientras fraguaba la junta.

Ese día, en la primavera de 1956, Marré llegó temprano y todos fuimos a presenciar el momento de la verdad. En su castellano imperfecto, más cocoliche que nunca por los nervios, les mandó a sus albañiles ir retirando los puntales de madera que sostenían las piedras; cada palo que sacaban, los asistentes mirábamos conteniendo la respiración, y los chicos esperando secretamente que se derrumbara todo. Pero se llegó al último andamio, y cuando se vio que no habría derrumbe alguno, los grandes aplaudieron y felicitaron a Marré y se fueron a la casa de mi abuelo a celebrar con una copa de vino, y los chicos nos retiramos profundamente decepcionados.

Para completar la capilla, mi abuelo encargó a un escultor francés de Bretaña la fabricación de un Vía Crucis que llegó unos años más

39

tarde en un enorme cajón de madera, el más grande que hubiéramos visto en nuestra vida. Mi abuelo, muy orgulloso de su compra, abrió el cajón para colgar las quince estaciones de terracota en la capilla, cosa que hizo con ayuda de mi abuela y mis tías.

En febrero de 1962, el recién designado obispo de Neuquén, Jaime de Nevares, vino a bendecir la capilla e hizo muy buenas migas con mi abuelo, con quien mantuvo un breve diálogo en latín, ante la admiración de todos los presentes. Más tarde Monseñor de Nevares se distanció de mi familia por motivos políticos, al evolucionar sus convicciones hacia una izquierda cada vez más intransigente.

Una vez inaugurada la capilla, mis abuelos mantuvieron la tradición de invitar a curas amigos a vivir en su casa durante los veranos. Nosotros les servíamos de monaguillos en la misa diaria. En general eran curas bastante especiales, muchos de ellos estudiosos eruditos, o viajeros, siempre interesantes. Recuerdo con especial cariño a dos de ellos. Uno era ruso, se llamaba Alexander Kulik, sacerdote de la iglesia copta rusa, y un verdadero filósofo. Me enseñó a jugar al ajedrez, juego que dominaba como un maestro profesional. También cantaba hermosamente, con una profunda voz de bajo típicamente rusa; su participación producía un salto cualitativo muy perceptible en los cánticos de la capilla, cuando él volvía de la sacristía luego de terminar la misa y comenzaba a intervenir en el coro, al principio suavemente, luego su voz iba cobrando volumen y terminaba tapando a todas las otras. Le gustaba sentarse bajo el sauce llorón frente a la casa con mi abuelo, tomando un vaso de chicha fresca y hablando del mundo, de la religión, de política. El padre Alejandro, como le decíamos, terminó yéndose a Italia, con un importante puesto en el Vaticano, y dejamos de verlo.

El otro era Juan Dan, un entrañable cura rumano que durante muchos años pasó un mes de verano en lo de mis abuelos. Al principio tuvo que hacer frente al desafío de reemplazar al padre Alejandro, cosa nada fácil pues todos extrañábamos al ruso. Pero se ganó nuestro cariño, y nos quiso a su vez. Era párroco de la comunidad de su nación en Buenos Aires, y profesor de Derecho Canónico en la Universidad del Salvador, y terminó queriéndonos como si fuéramos su familia, ya que la suya había quedado en Rumania bajo el cruel régimen de Ceaucescu. Bautizó a varios de mis primos, y mucho más tarde a mi hija Victoria. Le encantaba pescar truchas, y las consideraba sus enemigas personales; cada año volvía para presentarles batalla cuerpo a cuerpo, y nunca aceptaba devolver una viva al río: si las atrapaba, tenía derecho a comérselas.

En 1962 me fui al colegio a Buenos Aires, y el contacto con mi abuelo se espació; pero nos escribíamos con regularidad, y nos veíamos en las vacaciones. Don Santiago siempre tenía tiempo e interés para conversar conmigo de mis estudios, de mis proyectos. Cuando venía a Buenos Aires en invierno, nuestro programa favorito era ser invitados, mi prima María Ana y yo, a la confitería Ideal de la calle Suipacha en donde había una orquesta a la tarde en el primer piso. Nos convidaba con un chocolate caliente tan espeso que la cuchara podía quedarse parada en la taza, y ahí hablábamos del futuro, de la política, de nuestros estudios y de las películas que estaban en cartelera, ya que le encantaba el cine.

Cuando decidí seguir la carrera de ingeniería, me recomendó la escuela Sainte-Geneviève, en Versailles, una casa regenteada por la Compañía de Jesús especializada en los cursos preparatorios para las grandes escuelas de ingeniería francesas, como la École Polytechnique y la École Centrale; varios miembros de la familia, en los dos últimos siglos, entre ellos su propio padre, habían estudiado allí. Y en un viaje que hizo a Francia por entonces fue a la escuela a averiguar los trámites de ingreso, y me alentó a intentarlo, aunque no fuera fácil. Pero yo sentía que si hacía mis estudios en Francia me sería muy difícil volver a insertarme en la Argentina, y yo quería vivir aquí, así que al fin me decidí por la Universidad de Buenos Aires, lo que resultó una opción muy distinta pero apasionante tanto desde el punto de vista académico que fue para mi extremadamente satisfactorio, como de la experiencia vital, pues fue un período inolvidable de activismo político y de transformaciones en la sociedad argentina.

Cuando estaba cursando el tercer año, en octubre de 1970, mi abuelo se enfermó y murió a los pocos días, el 10 de aquel mes. Mantuvo el dominio de sus facultades hasta el último momento. En la estancia, en la familia, en mis sentimientos, se hizo un gran vacío. Está enterrado en el pequeño cementerio de Cerro de los Pinos, debajo de un ciprés que él mismo plantó, y ahora su tumba está acompañada por la de mi abuela que tanto lo amó y acompañó; dos pequeñas cruces de maderas pintadas de blanco señalan el sitio.

Por su gran influencia en mi formación, por la importancia que tuvo en mis primeras miradas racionales sobre la vida y la humanidad, don Santiago ocupa un lugar privilegiado en mis referencias.

En este libro, intentaré describir su vida y exponer las razones que lo trajeron a nuestra Patagonia. Sólo una persona con un carácter excepcionalmente ambicioso y osado pudo embarcarse y embarcar a su familia en una aventura tan exótica para la época. Claramente, mi abuelo se vio favorecido por su educación enciclopédica y se pudo apoyar en un proyecto de familia en el que participaron su padre y sus hermanos, un verdadero emprendimiento a largo plazo con mucho contenido estratégico. Tuve la suerte de disponer de una serie de documentos, cartas de mi abuelo, sus acuarelas y fotografías de la época, y en especial una copia de sus apasionantes memorias de guerra, también ellas ilustradas con dibujos y fotos. También pude aprovechar las narraciones de unas cuantas personas que conocieron a mi abuelo y me ayudaron a reconstruir con datos verídicos los cuentos y leyendas que encantaron mi infancia.

Lo que sigue es la historia de su aventura.

Santiago de Larminat con su hermano

Los ancestros

$\mathcal{M}$I FAMILIA PROVIENE, HASTA DONDE se sabe de ella, de la ciudad de Thionville, cerca de la frontera del Luxemburgo. El primer Larminat del que tenemos datos fue un oficial de las Armas Imperiales que defendía ese poblado cuando los Condé intentaron apoderarse de él, en 1643. Louis de Larminat, así se llamaba, era un cadete entonces. Años después se enrolaba en las tropas francesas como capitán del regimiento Real del Piemonte, cuerpo que bajo las órdenes del príncipe Condé de Coligny participó en la batalla de San Gotardo, donde los turcos fueron rechazados, frente a Viena, en su avance sobre Europa.

Se ignora de dónde venía este Larminat. El apellido tiene un evidente origen francés. Larminat, Larmignat, Lermina, son seguramente deformaciones del nombre del bando Armagnac, los partidarios de Juana de Arco que en el siglo XV se oponían a los Borgoñones, sus enemigos mortales. Durante la Guerra de los Cien Años, los Armagnacs defendían la legitimidad francesa contra los Borgoñones, aliados de una dinastía extranjera.

Lo cierto es que casi todos estos Larminat de la época de la monarquía (el Ancien Régime, como dicen los franceses) fueron funcionarios: oficiales, comisarios de guerra, alcaldes, y parecen haberse sentido muy cómodos en esos puestos. Fueron muchos los Larminat que
dejaron actividades mejor remuneradas o más prestigiosas para sumarse al Estado, aportando su inteligencia, su imaginación y su espíritu
emprendedor a la función pública. A pesar de esos antecedentes, mi
abuelo nunca intentó cubrir ningún puesto público; al contrario, se
mantuvo cuidadosamente apartado de los funcionarios del Estado
durante toda su vida.

Los Larminat sirvieron al Estado durante más de tres siglos, algunos
con el sacrificio de su vida, como un Jean de Larminat, alcalde de Thionville que en 1709 murió de frío de regreso de Versailles, donde había ido
a pedir ayuda para su ciudad aislada por un invierno riguroso. Un servicio menos extremo fue el que prestó Marie de Larminat, dama de
compañía favorita de la emperatriz Eugenia durante el fin de su reinado
y su exilio. Marie fue una mujer hermosa, inteligente y comprensiva;
dejó escrita una notable autobiografía de sus años junto a los emperadores. Y no fue la única Larminat en dejar un valioso legado a Francia:
también podríamos mencionar los hermosos bosques de pinos, hayas y
robles que plantó Jean-Charles-Nicolas Larminat en las tierras antes
estériles de Fontainebleau; o el Pont Marie, uno de los puentes más hermosos de París, construido por un Marrier de Boisdhyver, emparenta-
do con la familia; o los numerosos militares que murieron en combate
defendiendo a Francia desde más de tres siglos. Jean de Larminat, el
padre de mi abuelo, fue a su vez un vector del desarrollo de la red de
ferrocarriles de Francia; este Jean había sido hijo de Pierre-Louis-
Edouard, hijo a su vez de Jean-Charles-Nicolas, el gran forestador.

Empecemos por este último. Jean-Charles-Nicolas de Larminat
(1777-1840) fue Conservador de los Bosques de Fontainebleau, y por
sus servicios obtuvo el título de barón; tuvo un trato muy cercano con

el rey y formaba con su esposa Victorine Marrier de Boisdhyver una pareja muy elegante, amable y conocida en su ciudad de Fontainebleau. En la familia se ha conservado con orgullo una anécdota: un día al verlo entrar a la corte a Jean-Charles-Nicolas llevando del brazo a su mujer Victorine, el rey Carlos X exclamó: "Miren, acaba de entrar al Palacio de Versailles la pareja más bella de Francia".

Jean-Charles-Nicolas dedicó su vida a mejorar los bosques reales, y hoy pueden verse en Fontainebleau las avenidas que él diseñó y plantó, con nombres que hacen honor a su espíritu, como las avenidas de la Amistad, de la Nobleza, de las Dos Hermanas, y por supuesto la avenida Larminat, frente a la que fue su casa. Había logrado multiplicar con éxito ciertas variedades de pinos resinosos con los que logró poblar tierras estériles y desnudas; aún hoy sus logros se mencionan en obras especializadas. Con un espíritu que heredó mi abuelo, Jean-Charles-Nicolas le escapaba a la rutina: fue viajero, aprendió de los hombres que conoció, y forjó sus ideas propias a partir de la reflexión y la observación.

Su hijo Pierre-Louis-Edouard (1811-1895) tuvo una educación esmerada. Curso su secundaria en el colegio Saint-Clément, en Metz, en donde se codeó con varios hijos de familias centroeuropeas que luego tuvieron roles políticos y científicos importantes, como Auguste Potocki, el conde Bethlen y el conde Miguel de Braganza. Continuó sus estudios en la prestigiosa École Polytechnique, donde formó un trío brillante e inseparable con el futuro mariscal Lyautey y con Antonin de Margerie; estudiante, y luego graduado de ingeniero, frecuentaba círculos de alta sociedad y debatía las novedades que entonces representaban la electricidad y el petróleo; se planificaba la producción en serie y también se hablaba de las huelgas, cada vez más frecuentes. Fue testigo de las cruentas luchas de la Comuna de París, y testigo de la Revolución Industrial. Al acercarse el fin del siglo, Europa cambiaba aceleradamente: se experimentaba con el material plástico, y se perfeccionaba el teléfono. Mientras las calles parisinas se engalanaban con el alumbrado público, Jean se interesó por la fotografía, pasión que sus hijos heredarían, y lo cautivó la aparición del rudimentario cinematógrafo, al que muchos no le veían futuro.

El 29 de noviembre de 1881 se casa en Orleáns con Marguerite Colas des Francs. Marguerite pertenecía por parte de su padre, Arthur, a una antigua familia de la región de dicha ciudad, muy unida y numerosa, y por parte de su madre, Ambroise-Blanche-Marie Lockhart, era parte de una histórica familia escocesa que tiene en sus tradiciones una anécdota que merece ser contada. Dice así:

"En el año de gracia de 1320, el conde escocés Sir James Douglas emprende un largo viaje con su escudero Simón Lockhart para cumplir con la última voluntad del rey de Escocia Robert Bruce, que había sido Cruzado y quería que su corazón fuese llevado a Tierra Santa. Sir James iba acompañado por todo un séquito para protegerlo y asistirlo en su misión, y transportaba el corazón del rey en un relicario de oro puro que llevaba atado a su cuello. Embarcaron en Glasgow y navegaron hasta Bilbao con la idea de cruzar la península ibérica y embarcarse nuevamente para navegar el Mediterráneo hasta llegar a Palestina. Sin embargo, al llegar a España, los viajeros fueron invitados por el rey de Castilla y León Don Alfonso XI a acompañarlo en una batalla que iba a librar contra los moros. Fue una batalla terrible, en la cual casi todos los escoceses murieron, entre ellos el conde de Douglas. Simón Lockhart logró rescatar heroicamente en el campo de batalla el relicario que llevaba Douglas y ante el desastre decidió abandonar la misión y volver con la reliquia a Escocia. De común acuerdo con la familia real de Escocia, depositó el corazón de su rey en la Abadía de Melrose, y en recuerdo de la epopeya puso en su escudo de armas un corazón rodeado de una cadena abrochada con un candado abierto. A eso añadió la bonita divisa: 'Corda serrata pando', que quiere decir 'Yo abro los corazones cerrados'."

Ocurrió que una rama de los Lockhart emigró también a la Argentina, y renovaron allí la estrecha relación que existía con los Larminat.

Mi bisabuelo tuvo con Marguerite ocho vástagos, pero inesperadamente, Marguerite falleció en 1896.

Unos años antes, en 1891, Jean había comprado un gran pabellón de caza que llamó "La Hardonnière", ubicado en las cercanías de los espléndidos bosques de uno de los castillos más famosos del valle del Loire: Chambord. Toda la región está influenciada por aquel castillo, que fue construido por Francisco I a comienzos del siglo XVI sobre los planos del incomparable Leonardo da Vinci, y que está rodeado de bosques inmensos que constituyen una verdadera reserva cinegética de jabalís, ciervos y aves silvestres. En este bello entorno se hallaba la tierra de cien hectáreas que adquirió Jean de Larminat.

Sin embargo, él no había sido originalmente un hombre de campo: al contrario, era un ingeniero de vocación y muy versado en la construcción de infraestructuras de transporte. Todavía no había llegado la era del transporte aéreo, que a la sazón solamente se promocionaba como siendo el porvenir en los futuristas libros de Julio Verne, pero enormes inversiones se canalizaban en esos años para mejorar los transportes en Europa. Su entusiasmo por los prodigios técnicos de esos años lo llevó a ser protagonista del desarrollo de un elemento que sería fundamental para el crecimiento europeo y mundial: el ferrocarril. A los treinta años ingresó como ingeniero a la compañía del Ferrocarril Oeste de Francia, y tras una brillante carrera llegó a Director General, con apenas cuarenta y cuatro años de edad. El diario *Le Figaro* le hizo un largo reportaje el día que fue nombrado para este cargo, el 24 de noviembre de 1899. Tres años después, cuando por impulso de Clémenceau Francia estatizó los ferrocarriles, Jean renunció. Desde entonces, sus permanencias en La Hardonnière se hicieron más extensas; nunca, ni siquiera en los momentos de más intensa actividad profesional y social, había pasado mucho tiempo ausente de esta bella propiedad, refugio de paz para su numerosa familia. Con los años, siguiendo la tradición familiar, se transformó en un hombre de campo y se interesó especialmente en los bosques y los pinos.

Cinco años después de enviudar, Jean casó nuevamente con Régine Aubépin de Lamothe-Dreuzy, una vecina de la región de Sologne, con quien tuvo otros seis descendientes, sumando entre sus dos matrimonios cinco hijas y nueve hijos; la tradición prolífica de la familia no se ha desmentido casi nunca.

Cuando le preguntaban a mi abuelo por los blasones de su familia, su respuesta era más bien modesta: "Nuestros títulos de nobleza no son tantos como para suscitar la vanidad; no somos nobles de la tierra, no hemos sido grandes señores ni de corte ni de armas, aunque muchos de nosotros hemos servido como oficiales en los ejércitos del Rey, del Emperador y de la República. Pertenecemos a la pequeña nobleza de provincia que obtenía sus títulos de sus funciones o de sus cargos al servicio de la monarquía. Pero la constancia de la familia, después de trescientos años, en sus honorables empleos para el Estado, la constancia también en sus alianzas con familias de su mismo rango social, muchas veces mejorando su posición mediante el casamiento, ha establecido sólidamente entre nosotros una tradición de gran educación, de honor y de desinterés que tiene su valor; el conocimiento pleno de las fuentes donde abrevamos contribuye a apreciar y mantener esta tradición en un siglo donde todos los valores están cuestionados".

3

La decisión: ¿por qué la Argentina?

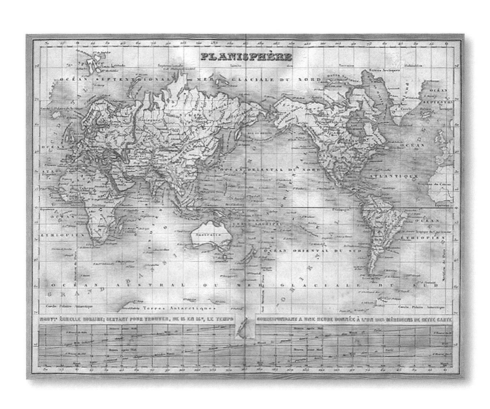

Ⓜ I ABUELO, JACQUES DE LARMINAT, nació el 10 de marzo de 1889. Su infancia se desarrolló en un hogar muy unido, religioso y socialmente activo. Mientras su padre progresaba en su carrera de dirigente en la empresa de ferrocarriles y se instalaba en su nueva casa de la Avenue Bugeaud, en París, su madre, Marguerite Colas des Francs, cuidaba a sus numerosos hijos —Jacques era el quinto hijo y cuarto varón— y les daba una formación primaria a la vez afectuosa y austera basada en los principios de un conocido educador católico liberal del siglo XIX, Monseñor Dupanloup: dichos principios eran coherentes con la trayectoria del eclesiástico, que había sido durante casi tres décadas obispo de la diócesis de Orléans, cerca de La Hardonnière. Dupanloup era un activo defensor de la educación privada y de la búsqueda de la excelencia en todas las actividades de cada día, habiendo sido él mismo diputado, miembro de la Academia Francesa y restaurador del culto a Juana de Arco, por lo que esta santa siempre conservó gran prestigio en nuestra familia. A los siete años, Jacques recibe el golpe del fallecimiento de su madre, y su hermana mayor, Elisabeth, toma un rol preponderante en el manejo de la familia.

Jacques sigue recibiendo la esmerada educación que su padre consideraba necesaria, hizo sus estudios secundarios en el renombrado colegio parisino de Gerson, y viajó. A los quince años pasó una temporada en Londres con uno de sus hermanos, para perfeccionar su inglés, y visitó España, Marruecos, y por supuesto Alemania, la nación poderosa y amenazante que gracias al Kaiser Guillermo I y a su canciller el conde Bismark, mostraba un formidable auge industrial, una sólida economía, y las mejores universidades del mundo. Luego ingresó por concurso al Instituto Agronómico de París, que daba el título de ingeniero agrónomo. Los veranos los pasaba en La Hardonnière.

Los años de la infancia y primera juventud de Jacques fueron los del auge del colonialismo. Todas las potencias europeas competían para ganar lo más posible en el reparto del mundo. África fue dividida en regiones conformadas y gobernadas de acuerdo a los intereses de la metrópolis. Ninguna nación europea era respetable si no contaba con un imperio colonial, al cual llevar la cultura y la civilización europea, y del cual extraer el máximo provecho posible. No había otra cultura que la procedente de Europa, ni había rincón del mundo que no dependiera de algún modo de la economía europea: de allí procedían las manufacturas industriales, y hacia allí iban las materias primas de los continentes colonizados, que Europa consumía con avidez. Los diarios se ocupaban prioritariamente de lo que sucedía en las colonias, y promovieron un enorme interés en gente que soñaba con tener tierras propias, tierras fértiles, con un camino libre para la iniciativa y el trabajo. Así fue como se incentivó a familias enteras a probar fortuna en lugares tan exóticos como las Antillas, Marruecos e Indochina.

¿Cuándo se introdujo esta idea en la familia Larminat? ¿Qué fuerza poderosa pudo decidir a algunos de sus miembros a dejar la cómoda vida de la alta burguesía parisina, a cambio de una aventura incierta? No hay dudas de que Jean, el padre de mi abuelo, fue el instigador de una empresa familiar fuera de Europa. Desde su puesto de director de una compañía de ferrocarril, percibía mejor que nadie el gran avance pero también las enormes dificultades que oscurecían el cielo del futuro. Padre de una familia muy numerosa, se preocupaba por el porvenir de sus hijos, y comenzó a pensar en crear una rama familiar en un sitio lejano y virgen, donde pudiera realizarse una obra acorde con su filosofía: dejar un rastro útil del paso por la tierra.

Por documentos familiares sabemos que cuando sus hijos eran muy jóvenes ya se discutían abiertamente los destinos posibles: Marruecos, Nicaragua, las Antillas... Marruecos fue hecho a un lado: aunque allí estaba el gran amigo y condiscípulo de Jean, el mariscal Lyautey, la idiosincrasia de los nativos y la áspera geografía del lugar no lo atraían. Nicaragua resultaba tentador, pero su clima tropical, con fiebres y enfermedades extrañas, atentaba contra la tradición familiar de una prole numerosa. Las Antillas, por diversos motivos, fueron rechazadas. ¿Cómo surgió el nombre de la Argentina?

En realidad, la elección no fue tan azarosa. Por lo pronto, Jean debía de saber que importantes compañías ferroviarias francesas habían invertido en la Argentina. Desde fines del siglo XIX grandes financistas franceses consolidaron la presencia del capital francés en el Río de la Plata, al punto de rivalizar con los capitales ingleses, predominantes entonces. Entre 1900 y 1914 hubo una gran oleada de capital francés invertido en toda América Latina, pero principalmente en la Argentina, donde había instalada una importante colonia francesa, e inversiones en la industria azucarera y del tanino, en bancos y casas de comercio, y sobre todo en cédulas hipotecarias. Esta ofensiva venía dirigida por los tres bancos de inversión más poderosos de Francia: la Banque de l'Unión Parisienne, la Banque de Paris et des Pays Bas y la Banque de Crédit Mobilier. Sus directores, que también lo eran de compañías industriales y de ferrocarriles, se interesaron sobre todo en negocios relacionados con la exportación de granos de la Argentina. Esto los llevó a favorecer el tendido de vías férreas en las zonas cerealeras, y cruzar las provincias más ricas uniéndolas con los puertos de salida del país. Además, las compañías ferroviarias francesas tenían estrechas vinculaciones con algunas firmas industriales y comerciales como La Forestal, principal productora de madera de quebracho y tanino, las cerealeras de Louis Dreyfus y Bunge y Born, y la refinería propiedad del señor Hileret. Entre todas formaban una red de intereses que tenían gran influencia en la economía santafecino-chaqueña, y en general en el norte del país. Las líneas férreas que unieron a La Plata con Rosario (con extensión a General Villegas), la de Rosario-Resistencia, y, la más importante, la que unía los puertos de Rosario y Puerto Belgrano en Bahía Blanca, demuestran el interés de los financistas franceses por sacar provecho del crecimiento explosivo de los cultivos cerealeros.

Por esto y por otros motivos, la Argentina de fines de siglo daba que hablar, en Francia y en toda Europa. En la Exposición Mundial de París de 1889, año del nacimiento de mi abuelo, exhibió un pabellón que ocupaba mil seiscientos metros cuadrados detrás de la Torre Eiffel (cuyas obras apenas comenzaban). Este pabellón debía mostrar la opulencia de la joven nación, tanto en su estructura de hierro (fue construido por el arquitecto Ballu, con generosa provisión de adornos de fundición, molduras y esculturas encargadas a los mejores artistas franceses) como en la cantidad de materias primas que albergaba: cereales, maderas, lanas, cueros, mármoles, vinos, y muy especialmente una cámara frigorífica de novedosa tecnología. Para su inauguración, el 25 de mayo de 1889, el pabellón se iluminó con cientos de lámparas eléctricas, también novedosas entonces, cuya luz era coloreada por cristales verdes, azules, morados, rojos; todos los frentes estaban cubiertos de cristales multicolores que semejaban puntas de diamante. A la ceremonia asistió el presidente francés Sadi-Carnot y el vicepresidente argentino, Carlos Pellegrini. Este pabellón, desarmado pieza por pieza,

El Pabellón de París emplazado en la Plaza San Martín

fue reconstruido en la Plaza San Martín de Buenos Aires para albergar la Exposición de Bellas Artes del Centenario.

Las crónicas de la época dedicaban grandes espacios a los viajeros y diplomáticos argentinos en París. Por ellas sabemos que Mariano Balcarce, embajador en París en la década de 1880, se vincula con lo mejor de la sociedad del Segundo Imperio, gracias a la influencia de su suegro, José de San Martín, a su propia capacidad personal y a su estrecha relación con los banqueros Aguado, íntimos de Napoleón III. No era el único argentino notable del que se hablaba en París. Muchos hacendados, gracias a sus rentas, vivían con lujo y ostentación en la capital francesa, donde se instalaban por largas temporadas. La expresión "riche comme un argentin" (rico como un argentino) se hizo proverbial. En algunos casos dio ocasión de burlas y desdenes, por el rastacuero nuevo rico cuyo único mérito era el exceso de dinero del que disponía; pero en muchos casos se trataba de hombres y mujeres cultos y refinados, que visitaban museos y frecuentaban a artistas y hombres de letras. Los testimonios de los miembros más talentosos de la generación del 80, Eduardo Wilde, Lucio V. López, Miguel Cané, nos muestran a estos argentinos que acudían a París como a la nueva "Atenas de Europa" (así la llama Cané en su libro *En Viaje*) a completar su educación y empaparse de los modelos de cultura que querían implantar en su patria.

Entre los escritores que buscaron en el ambiente cosmopolita de la capital francesa el rumbo de las nuevas sensibilidades, podría mencionarse a Leopoldo Lugones, Ricardo Güiraldes, Oliverio Girondo; entre los artistas, a Rogelio Yrurtia, Eduardo Sívori, Lucio Correa Morales, luego Emilio Pettoruti y más adelante Antonio Berni y Lino Emea Spilimbergo.

Algunas señoras de la alta sociedad argentina tuvieron salones literarios en París, entre otros Sara Wilkinson de Santamarina, o Regina Pacini de Alvear, que recibía en su mansión Cœur Volant, o Susana Torres de Castex, que lo hacía en los salones del hotel Plaza Athénée, o María Luisa Dose de Larivière, que todavía en 1946 daba comidas a las que asistían De Gaulle y Mendès-France. A estas reuniones concurrían personajes tan heterogéneos como el político Georges Clémenceau, el general Foch, los escritores Jules Supervielle y Romain Rolland y los críticos Pierre Paul Plan y Charles Maurice. Provenientes de una sociedad casi provinciana, los argentinos de París se pulieron y refinaron, y terminaron dejando en Francia un recuerdo de gran distinción. Algunos compraron obras de arte que hoy se encuentran en museos argentinos como las colecciones Santamarina, Hirsch y Bemberg.

Para otros, París fue sólo una ocasión de despilfarro: la cuantiosa renta marginal que daba la posesión de campo en aquellos tiempos permitía una vida de ocio y ostentación, en la ciudad que desde siempre los argentinos habían visto como la capital del mundo. Los largos años que pasó allí Federico de Alvear con su familia, recordados por su hija Felisa Alvear de Santa Coloma, son claros ejemplos del estilo de vida de los grandes estancieros en París: mientras la madre recorría las casas de anticuarios comprando muebles preciosos, las hijas estudiaban dibujo en la Academia Julien y el padre concurría a las carreras de caballos de Longchamps y Chantilly; la familia se movilizaba en tres autos, y todo el abundante personal de servicio estaba uniformado con libreas que tenían labradas en los botones las iniciales F. de A. (En 1926, al regresar al país, Alvear debió hipotecar a pérdida todas sus propiedades, y no consiguió conservar su magnífica residencia de Libertador y Billinghurst, hoy sede de la embajada de Italia.) Otro millonario argentino rumboso y elegante fue Aarón de Anchorena, Secretario Honorario de la Legación Argentina en París entre 1902 y 1916; noticia permanente en las crónicas sociales de la época, las fotografías lo muestran luciendo en el Bois de Boulogne la calidad de sus caballos, y la belleza de sus acompañantes; eran famosas sus fiestas, que solía dar en su yacht Pampa, anclado por lo general en la Costa Azul.

Hacia 1907 el tango se puso de moda en París. Primero con Alfredo Gobbi, después con Ángel Villoldo, la peculiar danza argentina hizo furor en los salones franceses de la preguerra. La revista porteña *P.B.T.* titulaba "Tangomanía en París" un artículo de 1913: "El tango, a pesar de las reflexiones moralistas y hasta de los bailarines de buen gusto, ha tomado en París el carácter de verdadera obsesión..." Y seguía informando que personajes como el infante don Luis de Orléans y la princesa heredera de Rumania pagaban grandes sumas por aprender a bailar el tango en brazos de dudosos "profesores" venidos del Río de la Plata.

En 1910 la colonia argentina en París había llegado a ser tan numerosa que tuvo su propia revista, *Gustos y Gestos*, una lujosa publica-

ción quincenal que fijaba los criterios estéticos, daba los datos impres-
cindibles para no parecer un nuevo rico, y además de informar sobre
las fiestas que se daban casi todos los días del año, suministraba buena
cantidad de chismes. El diario *La Prensa*, por su parte, tenía su edición
parisina.

Con todo esto, la Argentina estaba en las primeras planas de los
diarios franceses, la curiosidad por aquel lejano y rico país se había
despertado, y la inmigración no parecía una aventura descabellada. En
Francia ya habían aparecido libros elogiosos sobre la Argentina, desde
el clásico de Émile Daireaux, *Vie et moeurs à La Plata*, publicado en
París en 1888, dos enormes tomos que constituían una especie de guía
para las empresas extranjeras que querían radicarse en el país, hasta un
libro de 1906, ya plenamente propagandístico, *L'Argentine au vingtiè-
me siècle*, firmado por A. Martínez y M. Lewandowsky, con prólogo
de Carlos Pellegrini: esta obra difundía con entusiasmo y buenos argu-
mentos las ventajas financieras que ofrecía el país para la inversión
europea. Otro libro de ese momento, *La République Argentine (Des-
cription, étude sociale et historique)*, de H. D. Sisson, predecía que la
Argentina sería "el polo latino de América", y convalidaba su afirma-
ción con una experiencia de quince años en el tema.

Para Europa, la Argentina significaba curiosidad, exotismo, pero
también esperanzas de bienestar, en el caso de los pobres, y posibilidades de negocios, en el de los ricos. Mi bisabuelo no podía no sentir
atracción por las enormes, inimaginables extensiones, la llanura uniforme, desierta, fértil bautizada Pampa, y la ciudad cosmopolita con
el nombre romántico de Buenos Aires, obstinada en parecerse a París.
Además, el país estaba regido por una clase alta refinada que dilapi-
daba fortunas en sus viajes, fortunas que parecían multiplicarse mági-
camente.

Ya casi cincuenta años antes del inicio de la aventura argentina, un
vínculo más personal de mi familia con la Argentina pudo darse por

una circunstancia curiosa. Marie de Larminat fue dama de compañía de la emperatriz Eugenia, y terminó siendo su más íntima amiga; y es muy posible que Eugenia haya recordado ante ella su historia amorosa en Buenos Aires. En efecto, Eugenia de Montijo, condesa de Teba, había vivido en la capital del Plata, noviando con Domingo de Arcos. Aunque planeaban casarse, no lo hicieron por falta de fondos con que establecerse; el padre de Domingo era millonario, pero estaba distanciado del hijo y le negó su ayuda. No terminó allí el contacto de Eugenia con argentinos, pues a su regreso a Europa trabó amistad con la familia del general Mansilla; fue éste, según cuenta su hijo el escritor, el primero que le advirtió a Eugenia, en un baile en las Tullerías, que el futuro emperador Napoleón III, en ese entonces un político ambicioso, se había fijado en ella. Más adelante, el general Mansilla fue íntimo de los emperadores, lo que no hace improbable que haya conocido a Marie de Larminat.

Lo cierto es que la Argentina fue el país elegido por los Larminat. En 1908 la familia registró legalmente una sociedad civil que llamaron "Sociedad Francesa Agrícola y Minera", y juntaron los capitales suficientes para llevar adelante la empresa colonizadora. Jacques decide abandonar el último año de sus estudios en el Institut Agronomique, cosa que casi nadie hacía habiendo logrado llegar a ese estadio avanzado de estudios prestigiosos, pero el desafío valía la pena. A pesar de sus escasos veinte años mostraba un carácter sólido y emprendedor, gozaba por ello de toda la confianza de su padre, y tuvo la enorme responsabilidad de partir primero.

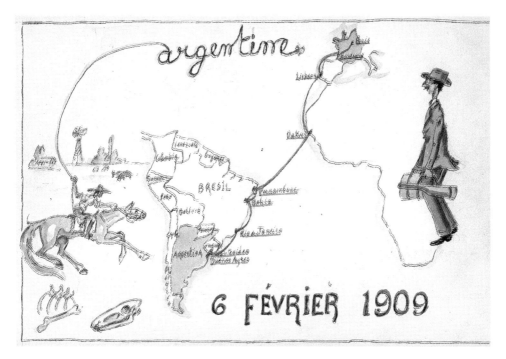

6 de febrero de 1909. Jacques se embarca para la gran aventura.

Febrero de 1909. Luego de comprobar la gélida acogida de sus cartas de presentación en Buenos Aires, Jacques explora la ciudad.

Mayo de 1909. Algarrobos: El viento se lleva el campamento.

Marzo de 1909. Cena en la estancia Chucul, de Jean Guichard en Algarrobos.

1909. La Mariquita, Córdoba. Primera enlazada. "Quien mucho abarca, poco aprieta".

Noviembre de 1909. La pampa inundada. "La Pepa".

Diciembre de 1909. Jacques saca fotos de un asesinato en Chimpay a pedido de la policía.

1909. Piedra del Águila. Asado de cordero con Bresler.

El enlazador enlazando. Quien quiere embromar a otro termina embromándose a sí mismo.

Agosto de 1910. Etienne, Jacques y André bloqueados por la nieve en Puente del Inca.

Agosto de 1910. Encuentro en el bosque chileno: Kilaqueo, araucano de la Pampa de Molco.

Agosto de 1910. Por el lago Lácar desde Huahum hasta San Martín de los Andes en la canoa del salvavidas.

10 de septiembre de 1910. Al caer de la tarde aparece el Cerro de los Pinos.

Octubre de 1910. La Avanzada. En el primer rodeo de las 4.000 ovejas, faltan 800, robadas por el ovejero Gregorio Pinner que se las llevó a Chile.

10 de diciembre de 1910. Llegan las valijas que salieron de Buenos Aires el 31 de julio.

1911. El personal de la estancia.

1911. Primeras faenas: Payalef encierra una majada.

La Doma: amansamiento instantáneo.

1911. No haga ruido. Ellos olvidan en sus catres mullidos la dura labor del día y las ovejas sarnosas.

1911. Primera ascensión al Cerro de los Pinos.

Doma.

1911. Primeros galopes de Jacques, Etienne y André.

1911. El primer cruce del río Chimehuín.

1911. Esteban mide el meridiano geográfico.

1912. Primera cosecha.

Febrero de 1912. El río Senguerr.

20 FÉVRIER 1912 · Filets et Rognons de Guanacs Font d'excellents Rotis; mais, un peu plus loin, entre le Rio Tucu Tucu et le Lac San Martin, pressés par la faim, nous mâchonnons les "Tientos" graisseux de l'Asador.

20 de febrero de 1912. Lomos y riñones de guanacos hacen asados deliciosos. Más lejos, apurados por el hambre masticamos los tientos del asado.

CHASSE AUX BOLEADORES

CHOIQUES T. Nah

Cacería de choiques con boleadoras.

6 de diciembre de 1913. Potrachoique (Chubut). El cacique tehuelche de una de las últimas tolderías cría una raza de caballos para carne. Le compramos tres para llevar nuestra carga.

Legua 440. Habiéndose enterado de nuestro ingreso a la provincia de Santa Cruz, Juan de Liniers, Conde de Buenos Aires, viene a darnos la bienvenida.

La gran aventura

EL 6 DE FEBRERO DE 1909 JACQUES DE LARMINAT se embarcó en un navío de la empresa Messageries Maritimes, una de las dos compañías francesas que hacían el viaje a América del Sur. Partió de Bordeaux, despedido por una bella tormenta de nieve; un bote lo llevó a la Île Verte, donde lo esperaba el *Cordillère*, nombre que, a la luz de lo que vino después, puede ser considerado premonitorio. El mal tiempo demoró la partida, inconveniente que no debió de molestar mucho al joven pasajero, a punto de comenzar el viaje de su vida. El *Cordillère* era un barco deslumbrante. Carlos Pellegrini lo utilizó en los últimos viajes que hizo a Europa intentando reparar su frágil salud. Los barcos de las compañías francesas tenían para los argentinos un atractivo especial, según la gran viajera Eduarda Mansilla: "En los buques franceses, el comandante, siempre charmant, un verdadero homme du monde, preside su mesa, y al terminar las comidas, ofrece galantemente el brazo a la dama más importante para llevarla al salón. Los pasajeros conocen a los oficiales franceses, averiguan los más insignificantes detalles de la marcha, todo lo preguntan, lo investigan o lo adivinan".

Habitualmente el *Cordillère* hacía el trayecto en veintiún días, pero en este caso llegó a Buenos Aires el 6 de marzo, es decir a los veintiocho días de partir, tras hacer escalas en Lisboa, Dakar, Pernambuco, Bahía, Río de Janeiro y Montevideo. En sus cartas Jacques describe sus impresiones: los peces voladores de Pernambuco, la belleza de Bahía y la de Río de Janeiro, la ciudad rodeada de morros, con su vegetación lujuriante... Pero le asombra no ver árboles conocidos: no hay robles, ni álamos, ni olmos ni castaños; sí bambúes arborescentes, helechos y palmeras.

En los transatlánticos de lujo el viaje se desarrollaba como una permanente fiesta, con conciertos organizados por pasajeros a beneficio de los emigrantes que viajaban en las clases económicas, conmemoración de fiestas nacionales, mascaradas al pasar la línea del ecuador, y bailes todas las noches. Para un joven de veinte años constituía un puro regocijo, pero Jacques no debió de olvidar que no estaba haciendo un viaje de placer, sino que había emprendido la aventura de su vida. Se ensimismaba durante largas horas contemplando el cambiante espectáculo del mar, buen compañero de los soñadores como él, y tratando de imaginar cómo sería el país hacia el que se dirigía.

No se había embarcado sin información. Desde fines del siglo XIX la prensa francesa venía ocupándose asiduamente de la Argentina. Un periódico de gran tirada como *Le Figaro* organizaba sus noticias diarias precedentes del exterior en dos secciones: una dedicada al extranjero en general, y otra a América Latina. El grueso de las crónicas se refería al comercio, y a la política cuando ésta podía afectar a aquél. Un periodista de *Le Figaro*, Jules Huret, llegó a la Argentina un año después que Jacques, para los festejos del Centenario, y escribió una serie de artículos luego reunidos en varios libros. Las conclusiones de Huret son ejemplares en su optimismo: "En cuanto a las costumbres políticas de la República Argentina, son las mismas de todos los países en formación, y en ciertos aspectos se asemejan a las de los países antiguos y bien organizados. El territorio es enorme y muy fértil.

Jamás se han empleado los abonos. Se escuchan a menudo historias de personas que llegaron a Buenos Aires en la mayor pobreza, y en diez años se convirtieron en millonarios". Esta imagen coincide con la mayoría de los testimonios de viajeros que nos visitaron en las dos primeras décadas del siglo: un país nuevo, lanzado a una carrera de veloz y firme progreso, con un porvenir que no podía sino ser brillante.

Y esa imagen coincidía con la realidad. A partir de 1880 la Argentina creció más, y más rápido, que cualquier otro país del mundo. En los años inmediatamente anteriores a la llegada de Jacques, se habían centuplicado las cosechas, los ferrocarriles franceses competían con los ingleses, y los inmigrantes, la hacienda y los sembrados se expandían por territorios ganados al indio, a los vecinos, o a ambos al mismo tiempo. Roca ya había entregado el estrecho de Magallanes a Chile, asegurando a cambio para la Argentina la Patagonia entera; esta inmensa extensión había sido reclamada por el vecino país, pero Roca aprovechó la guerra chileno-peruana para canjear su neutralidad por ese territorio.

Inglaterra, por entonces todavía la primera potencia mundial, que en México y Brasil había duplicado sus inversiones, en la Argentina las quintuplicó. Asegurada la paz en el país, sólo quedaba trabajar y progresar, y así se hizo. La prosperidad trajo cambios en todos los rubros. Las grandes ciudades, como Buenos Aires y Rosario, cambiaron tanto que en unas pocas décadas se hicieron irreconocibles. La pampa dejó de ser un mar de pastizales que se recorría libremente en todas direcciones; las nuevas estancias con sus potreros, sus alambrados, sus molinos, sus lotes de alfalfa, y las chacras cerealeras, transformaron el paisaje.

Fue una época próspera y pujante. El dinero circulaba, la producción crecía, los servicios se ampliaban. Casi un millón de inmigrantes aportaron nuevos hábitos, tradiciones y ambiciones. La economía estaba ordenada, y se pagaban normalmente los servicios de la deuda externa, tras los apuros del empréstito Baring Brothers.

FOTO: SANTIAGO DE LARMINAT (1910)

El puerto de Buenos Aires en 1910

En materia de obras públicas hubo realizaciones espléndidas. El ingeniero Eduardo Madero terminó el puerto de Buenos Aires, se construyó el Puerto Belgrano en Bahía Blanca, y se canalizaron los principales ríos del país. Buenos Aires se modernizaba al ritmo de las grandes capitales europeas; se alzaban enormes edificios, se alumbraban a gas las avenidas, llegaba el teléfono, acudían los mejores espectáculos internacionales, se abrían clubes distinguidos como el Jockey Club o el Club Francés. La ciudad se engalanó con un Jardín Botánico y un Zoológico que fueron modelos en toda América.

La instrucción pública había prosperado junto con la economía, y el índice de analfabetismo había disminuido abruptamente. Se crearon escuelas industriales, comerciales, de veterinaria y agricultura. Se trasladó a un local mejor el Museo de Bellas Artes, y se organizó el Archivo Histórico de la Nación.

Los festejos del Centenario se venían preparando desde hacía varios años; el país quería mostrarle al mundo que tenía una historia, y que había alcanzado un lugar entre las potencias mundiales. En ese clima de optimismo las palabras de moda en libros y diarios eran "futuro", "destino", "grandeza". Y la gran capital se embellecía, tomando un estilo en el que predominaba cada vez más lo francés; la Avenida de Mayo se había construido a imagen y semejanza de Madrid; en la zona norte de la ciudad, los palacios de la oligarquía remedaban las más lujosas residencias de París; y sus dueños, en un alarde de despilfarro, ocupaban estas suntuosas mansiones apenas unos pocos meses o semanas al año, pues pasaban gran parte del tiempo en sus no menos lujosas mansiones del campo, o de París... Para los festejos del Centenario no se ahorraron gastos para inaugurar plazas, crear paseos y jardines, alzar monumentos, renovar el alumbrado, el adoquinado...

Sin embargo, tal vez por las expectativas que se había creado, Jacques se sintió decepcionado al llegar. Buenos Aires le pareció triste, y hasta horrible. Encontró el decorado de una gran capital, pero sin su alma. No obstante, una vez instalado, y al empezar sus recorridas, la ciudad lo conquistó. Era marzo, y florecían los jóvenes palos borrachos, y los jacarandás que Sarmiento había plantado en Palermo para ahuyentar el fantasma de Juan Manuel de Rosas.

Aunque el clima húmedo de la ciudad lo agobiaba, Jacques quiso conocerla, y la recorrió de un extremo a otro. Encontró las calles del centro demasiado estrechas, las veredas angostas y peligrosas, con los tranvías rozando a los peatones. Gran parte de la ciudad estaba removida, en escombros, por las obras para el Centenario. El tendido del subte, la iluminación de las calles y avenidas, los grandes teatros, los primeros automóviles, todo le confirmaba que había llegado a un país de emprendimientos y progresos.

71

El amor por los árboles, tan característico de su familia, le hizo visitar en primer lugar el dominio de uno de los franceses mejor considerados en Buenos Aires: Charles Thays, director de Parques y Plazas de Buenos Aires, y autor de los mejores y más grandes parques privados del país. Thays visitó las regiones septentrionales de la Argentina, Bolivia y Brasil buscando especies adecuadas para la ciudad de Buenos Aires, a la que adaptó algunas que, como la tipa, se volvieron parte definitiva del escenario porteño. Fue el responsable del Jardín Botánico, los bosques de Palermo, y, en el interior del país, el parque Independencia de Tucumán, provincia en la que también había una gran colonia francesa. Jacques quedó deslumbrado por el Jardín Botánico, donde hay muestras de la flora del mundo entero, y un completo muestrario de los árboles argentinos, desde las australes hayas antárticas, hasta los algarrobos, quebrachos, ceibos, sin olvidar el cedro de Tucumán o el de Mendoza, y por supuesto los preferidos de Thays, el ombú, la tipa y el palo borracho. Y al lado, cruzando la calle, el Zoológico, que Jacques visitó y encontró muy bien provisto y mantenido, gracias a los amorosos cuidados que le brindaba quien era por entonces su director, Clemente Onelli.

Junto con los árboles, otra pasión de Jacques eran los libros, y entre las cartas de recomendación que traía, una era para un francés afincado desde hacía largos años en Buenos Aires, y ya prestigioso e influyente: Paul Groussac. En 1885 Groussac había sido nombrado director de la Biblioteca Nacional, a la que convirtió en la más importante de América del Sur y puso en pie de igualdad con sus similares de Europa. Muchos años después, al ser nombrado Jorge Luis Borges director de la Biblioteca, afirmó que no hacía falta comprar un solo libro, pues tal como la había concebido su antecesor francés seguía siendo la mejor biblioteca posible.

Thays y Groussac eran ejemplos de una inmigración francesa que venía al Río de la Plata con un alto nivel cultural, y en algunos casos

Palermo a principios de siglo

con cierta posición económica. Eran bien recibidos, y no tardaban en prosperar.

A diferencia de ingleses y alemanes, que se integraban con lentitud o dificultad, o no se terminaban de integrar nunca, los franceses, como los italianos, se volvían argentinos en el curso de unas pocas generaciones o hasta de unos pocos años. Eso no significa que no mantuvieran un amor apasionado a su patria lejana, y lo manifestaran cada vez que podían, como quedó demostrado el año en que Jacques llegó a Buenos Aires, cuando la comunidad francesa juntó cuatrocientos mil francos para aliviar a los damnificados por las inundaciones que habían ocurrido en París. Clémenceau, un visitante de esos años, se preguntaba por qué no pasaba lo mismo con los franceses que iban a tentar fortuna a América del Norte; suponía que el elemento latino se disolvía más fácilmente en una población también latina.

73

Entre 1850 y 1890 la presencia francesa en el Río de la Plata toma aspecto de colonización, o al menos así aparece en los diarios franceses de la época. Los vascos y bearneses, que son mayoría en la inmigración de esta nacionalidad, sentaron las bases de una industria en la Argentina. Aunque muchos se establecieron en la capital, hubo muchos también que fueron al interior. La región de Cuyo fue una de las favoritas; San Rafael era conocido como una colonia francesa, y en San Juan los franceses fueron los pioneros de la vitivinicultura argentina. Otros se radicaron en Tucumán, Salta y Jujuy, donde pusieron en marcha la industria azucarera; Hileret es el más conocido de ellos, por haber quedado su nombre en una popular marca de azúcar. Los que se quedaron en Buenos Aires hicieron inversiones en saladeros, molinos y otras actividades relacionadas con la actividad agropecuaria. Los primeros frigoríficos fueron creados por inmigrantes de los Pirineos, como Terrasón y Ollivier. Los primeros impresores y libreros fueron franceses, así como fueron pioneros en la industria textil y en la fotografía. Austeros, empeñosos, los franceses trajeron sus costumbres tradicionalmente ahorrativas, y aportaron a nuestro país sus métodos de trabajo y su cultura del buen vivir y de la cortesía.

Jacques inició las visitas con las cartas de recomendación que le había dado su padre para los miembros más prominentes de la colonia francesa. Y aquí tuvo sus primeras desilusiones, ya que en algunos casos la acogida fue glacial. Años más tarde su amigo Henri Becquerel le explicaría el motivo: muchas buenas familias de Francia se libraban de sus jóvenes miembros indeseables enviándolos lo más lejos posible: al Río de la Plata. Estos jóvenes se habían ganado una mala reputación de abuso de hospitalidad y las consiguientes desapariciones, con la caja o la hija de la casa; de ahí la frialdad con que recibieron a Jacques.

La única familia donde fue acogido con cordialidad fue la del almirante García Mansilla (nieto de Eduarda), lejanamente emparentados

con los Larminat por la rama La Fatisnerie. Los García Mansilla llevaban un gran tren de vida, y eran muy afrancesados; tiempo después,
en una visita que les hizo Jacques de regreso de su primer viaje a Neuquén, les recomendaba visitar esos paisajes que lo habían deslumbrado, a lo que García Mansilla le respondió jovialmente: "Estamos
encantados de que haya parisinos que quieran poblar nuestra Patagonia, pero a nosotros déjenos ir a París...".

Con esta familia conoció el paseo de Palermo, donde por las tardes la sociedad elegante se daba cita para exhibirse en automóviles de
lujo y majestuosos carruajes; respirar el aire fresco, gozar de la naturaleza, distraerse y conversar, eran excusas para la verdadera finalidad
de esta ceremonia, que era ver y ser visto. Seis filas de vehículos iban
y venían por un trayecto de unos cuatrocientos metros, rozándose en
ambos sentidos, mientras que las demás avenidas del amplio parque
permanecían desiertas. Jacques habría querido ir a pasearse bajo
aquellos sauces llorones de un verde tan delicado, los ombúes, euca-
liptos y álamos; pero la etiqueta obligaba a un circuito establecido, y
a saludos ceremoniosos. Casi todas las conversaciones giraban alrededor de matrimonios por hacer. Jacques no recordaba haber visto
tantas bellezas juntas, y vestidas con tanto lujo.

Las primeras amistades las hizo con jóvenes extranjeros como él.
Uno fue Olivier de Malglaive, que llevaba varios años en el país y se
había hecho experto en todos los oficios, incluido el de langostero, o
sea inspector de lucha contra la langosta. Se presentaba en casas de
amigos en Buenos Aires con un par de enormes espuelas, que hacía
sonar *pour épater le bourgeois* (para sorprender al público). Con Jacques sostenía largas conversaciones, y en sus relatos empezaba a
dibujarse para el recién llegado el perfil extraño y fascinante del país.

Otro joven amigo de aquel entonces fue un inglés, al que evoca en
una carta muchos años después: "Stanley Mallet, que va de whisky en
whisky, confortablemente instalado, solo, en su coche, que guarda

75

una vez cada cinco días, cuando invita a su cochero a comer y beber con él. Lo curioso es que más tarde nos volvimos a ver, en la llanura de Assas, sin saberlo. Él comandaba un escuadrón de lanceros hindúes; yo, el 16 de Dragones. Luego él sería Lord Chambelán de la pequeña princesa Elizabeth, ahora reina de Inglaterra, y más tarde aun vendría a instalarse cerca de Carlos Casares, en La Corona, estancia estupenda que administró muy bien. Allí recibió al Príncipe de Gales, futuro Duque de Windsor, y más tarde también a Reid, Trannack y a mí".

5

El aprendizaje en el campo

JUGANDO AL TRUCO

Recuerdo de la Campaña Argentina

DE TODOS MODOS, LA PERMANENCIA DE JACQUES en Buenos Aires no fue larga; ansioso por escapar del calor y la humedad de la ciudad, y por comenzar su aprendizaje en el campo argentino, aceptó con gusto la invitación de un compatriota, Jean Guichard, que le proponía una pasantía *au pair*, es decir a cambio de casa y comida, en su estancia Los Algarrobos, al norte de Río Cuarto, en la provincia de Córdoba. Partió de inmediato, por caminos execrables, y llevando un apero completo, que había comprado por recomendación de otro compatriota con experiencia en viajes por el interior del país; durante el trayecto, en largas noches pasadas a la intemperie, tuvo ocasión de apreciar la sabiduría del consejo, pues el apero era el lecho del gaucho, con los bastos como almohada.

En Los Algarrobos encontró a Guichard viviendo en un rancho precario, con su mujer Marie Thérèse, de soltera mademoiselle de Clermont, y una amiga belga, Germaine Pelzer, de familia famosa en la industria de la leche, y una gobernanta inglesa a la que llamaban Daisy. Al lado, en una carpa, se instaló Jacques con los otros dos aprendices, René Millet y Pierre Lemasson.

Guichard era un gran burgués; su padre y su suegro eran millonarios, y le daban y retiraban el crédito con cierta regularidad. Su temor, en la aventura sudamericana que había emprendido, era ceder a la falta de confort y perder el refinamiento social en el que había nacido y vivido. De modo que había establecido reglas de etiqueta a las que todos se atenían. Para la comida de la noche el dueño del establecimiento lucía un esmoquin rojo, con pantalón negro; su mujer y Germaine, vestidos largos; Lemasson se adornaba con un monóculo; sólo Millet, regordete y de temperamento fogoso, seguía en su ropa de trabajo, "magníficamente escotada", contaba Jacques divertido; los domingos Millet desaparecía con rumbo a Río Cuarto, a algún sitio misterioso. Más tarde se casaría con la simpática Germaine Peltzer y regresaría a Francia.

La mesa de estas cenas era un cajón de madera puesto sobre el suelo apisonado de tierra; el servicio era dirigido por un maître negro, impecable, todo de blanco, hasta los guantes. Su mujer era la cocinera, y tenían un bebé muy moreno que un día murió ahogado al caer al pozo ciego.

Según la descripción que hace Jacques en cartas a su familia, el terreno de la estancia, "ligeramente ondulado, está cubierto de una hierba americana que crece en matas verde amarillas, el pasto puna, que ni las mulas quieren, salpicado por algunos bosquecillos de algarrobos o de chañares, de hojas con bordes que cortan la ropa, poblados de cotorras verdes, azules o grises". Allí descubrió antiguas puntas de flechas, que conservó con interés.

En Los Algarrobos todo estaba por hacerse: había que alambrar, y sembrar alfalfa con urgencia, pues a las mulas de trabajo debían alimentarlas con heno comprado. Y construir todo, si no querían seguir durmiendo indefinidamente en una carpa. El trabajo era agotador, pero apasionante para alguien tan ávido de aprender como Jacques. Los peones tenían atenciones indulgentes para con los tres jóvenes

80

franceses, a los que el implacable sol del verano cordobés hería con fuerza, sobre todo en los brazos gordos y rosados del buen Millet. Las jornadas se extendían desde antes del amanecer hasta las ocho de la noche, con dos horas de descanso al mediodía. Jacques le escribía a su familia que había aprendido a alambrar, y que hacía sembrados.

Guichard, muy en su papel de pionero, se vestía con un pantalón de cuero mexicano a rayas, y un enorme sombrero de cowboy, todo eso completado con un gran pañuelo blanco al cuello. Si veía a alguien pasando por terrenos de su propiedad, le prevenía de la infracción disparando su revólver al aire; los lugareños, acostumbrados a la calma perfecta de la región, se espantaban con las detonaciones.

A los aprendices los hacía levantar dos horas antes del amanecer para ir a buscar las mulas al corral repleto; las mulas, todas salvajes e idénticas, no los recibían con agrado. Debían esperar al sol para no correr el riesgo de recibir en las tinieblas una certera patada. Cuando estuvieron más prácticos el trabajo se hacía rápido, pero Guichard, hombre de principios, no aceptó jamás cambiar el horario, que les hacía perder una buena hora de sueño cada mañana.

A Jacques, Guichard tuvo la amabilidad de darle las tareas más variadas, en las cuales solía acompañarlo: agricultura y tendido de alambrados, de los que terminaba con las manos doloridas y sangrantes, pero también montaje de máquinas agrícolas, carpintería, siembra de cebada y ensillado de mulas. Jacques sabía que estos animales eran conocidos por su terquedad y desconfianza, pero eran considerados por la gente de campo como los más inteligentes y más eficaces para el trabajo. Sin embargo, él era demasiado novato para tenerlas de aliadas, y ellas parecían burlarse de su falta de experiencia. Después de algún fracaso especialmente notorio, los paisanos le decían: "Parece que las mulas se le están riendo...". Y en efecto, las bestias levantaban los labios en un gesto sarcástico. También se oían anécdotas sobre la fidelidad, la inteligencia y el apego de las mulas. Supo de un vecino que

81

mandaba a arar a su hijo muy temprano por la mañana. El niño, muy amigo de las seis mulas que tiraban del arado, dormía plácidamente porque ellas solas se alineaban y cumplían el trabajo. El problema era cuando llegaba el mediodía y el niño seguía durmiendo: entonces las mulas, quizás obnubiladas por el calor, o tal vez por picardía, regresaban en línea recta a las casas, arrastrando alambres y tranqueras que encontraban a su paso. Los peones afirmaban que cuando el chico recibía la consabida paliza, las mulas se reían a carcajadas. Jacques poco a poco empezó a entender a estos animales: la clave, le enseñaron, era el intercambio de aliento entre las mulas y su dueño. Tanto o más eficaz que esto era el buen trato, y la paciencia, y al fin las mulas se volvían compañeras y ayuda sin igual para él, capaces de recorrer un centenar de kilómetros en un día y cargar grandes pesos.

En unas breves vacaciones de Semana Santa, Jacques volvió a Buenos Aires, donde todos los teatros y cines pasaban representaciones de la Pasión, de una manera tan realista que le resultaba chocante, con "la marcha fúnebre de Chopin para la escena del Calvario, y la marcha de Aída para la Resurrección". Volvió a su paseo favorito por el Botánico y el Zoológico. En homenaje al Centenario, el Zoológico de Hamburgo había enviado un oso del Himalaya, una colección de pájaros, y varias víboras, una de éstas de cien kilos, seis metros de largo y la cabeza tan grande como la de un perro. Pero fuera de estas atracciones, Jacques no disfrutó mucho de la ciudad; todo estaba comenzando para él, y los inicios se le hacían muy lentos, y sobre todo empezaba a sentir la soledad y la distancia con su familia. Se distraía observando, para describirlo en sus cartas, al público porteño, muy aficionado al teatro, por lo que además de las compañías nacionales se presentaban muchas extranjeras, y no faltaban funciones en francés o italiano.

Al volver al campo de Guichard, el trabajo constante y agotador lo distrajo de la impaciencia por su futuro. Un inesperado maestro que tuvo entonces fue un compatriota francés, Adolfo, ex marino, excelente constructor; Jacques aprendió mucho de él, pero lo que más recordaría de Adolfo era su manera de hablar "castillo" (pronunciado "castigo"), un idioma propio compuesto de francés y castellano: "alcancez moi donc le martige qu'est dans le rincon" (Páseme el martillo que está en el rincón). En su pintoresca lengua, Adolfo contaba que cuando vivía en Rosario de Santa Fe, o "Rosaire de Sainte Foi", "je ne comprais jamais de rope a la tiende, j'faisais tout moi-même, ça m'salissait bien plus barate" (Yo no compraba nunca la ropa en la tienda, me hacía todo yo mismo, me salía mucho más barato). Esta mezcla, tan característica de los inmigrantes, daba por resultado ejemplos tan curiosos como el de un viejo matrimonio bearnés que Jacques entrevistó en un posterior viaje a Francia, y el marido le contaba sus actividades en tierras americanas: "Moi, j'étais courandère, et ma femme c'était la plus affamée partère de tout l'partide" (Yo era curandero, y mi esposa era la más afamada partera de todo el partido). Jacques, que al llegar a Buenos Aires casi no hablaba castellano, empezó a familiarizarse con el idioma, y su propio nombre fue tomando cada vez más, en boca de quienes lo conocen, la forma castellana: Santiago.

El 25 de marzo asistió a un remate de hacienda en Río Cuarto; el viaje se hacía en volanta, entre nubes de polvo como el joven francés jamás había visto. El pueblo estaba repleto, y les costó encontrar alojamiento. Millet y Jacques durmieron sobre tres tablas montadas en un caballete, en un salón donde ya dormían otros veinte hombres. La feria era muy animada; se habían reunido unas veinte mil cabezas de ganado. El espectáculo de los jinetes enlazando y atropellando a los animales en la polvareda era absorbente. Y había hasta llamas, traídas de Bolivia, que algunos padres de familia compraban para sus hijos.

Todo contribuía al aprendizaje de Jacques. Pero la aventura cordobesa no duró. A su patrón volvieron a cortarle el crédito, a pesar de las referencias que interponía su padre con los banqueros. En busca de nuevos horizontes, acompañó a Guichard a visitar un campo que se alquilaba en Passo, en el límite en las provincias de Buenos Aires y La Pampa; este viaje, sin resultados por lo demás, tuvo un desdichado final porque durante su curso Jacques perdió uno de sus tesoros más preciados, la cámara fotográfica. Pronto volvería a tener otra, y luego otras; a lo largo de su vida mantuvo siempre el interés por registrar los sitios por donde pasaba, ya fuera en fotografías o con sus dibujos. Guichard le propuso asociarse para fundar un tambo modelo, dirigido por él; tomando en cuenta lo volátil de la fortuna de su propuesto socio, y su tren de vida, Jacques decidió que lo más prudente era tomar distancia, y se despidió.

De vuelta en Buenos Aires, y ya más interiorizado de su futuro trabajo, consultó rematadores por el precio de la tierra, pero sin intenciones inmediatas de compra, pues, como confesaba en una carta "soy muy novicio para soñar con comprar". Se enteró de que en el sur de la provincia de Buenos Aires, y en Río Negro, la sequía ya llevaba tres años; en la Patagonia, le dijeron, había buenas posibilidades de trabajo con ovejas, pero a la altura de Punta Arenas los inviernos tenían tres meses de nieve, las noches eran largas, y el viento incesante. Todas las posibilidades estaban abiertas: el país tenía todos los climas y todos los paisajes; pero la decisión era difícil, y prefirió postergarla un tiempo más.

De modo que aceptó la propuesta de un nuevo amigo, también francés, Joseph de la Perrière, que había alquilado cerca de Oncativo, entre Villa María y Córdoba, una pequeña finca, La Mariquita. Se encaminó hacia allá. Pasó por Entre Ríos, donde a lo largo del Paraná se habían instalado muchos franceses, y las tierras eran baratas, pero lo asustó la idea de lidiar con la garrapata, la fiebre aftosa, la tuberculosis y la langosta.

El 25 de abril llegó a Oncativo, donde alquiló un sulky para llegar a La Mariquita. Admiró los bosques salvajes de chañares y algarrobo, que se extendían interminablemente hacia el oeste, y la cantidad de animales silvestres, y la tosca amarillenta que afloraba en pintorescos barrancos. En algunos sitios asomaban inmensas placas de salitre blancas como la nieve, y al fondo se veían las Sierras de Córdoba, de una nitidez perfecta en la inmovilidad del aire.

Joseph de la Perrière era el exacto opuesto de Guichard; amable, sensato, sin ambiciones ni revólver al cinto, conducía su vida con gran calma. Se mostraba negligente con la ropa, que amarilleaba por el tiempo y no renovaba hasta que se caía a jirones. Usaba barba espesa, negra, sin recortar. Años antes había hecho un viaje por las costas de Brasil, en compañía de un primo de Jacques, Guillaume de Tristan, y lo había relatado en un simpático libro que Jacques leyó con agrado y lo incitó a seguir sus pasos.

De la Perrière se manejaba con recursos muy limitados; apenas si tenía un peón, un hombre taciturno, recientemente contratado, que tenía en su haber alguna muerte; y se cocinaba él mismo; después de repetidos fracasos en ese rubro, se decidió a ir a la ciudad de Córdoba en busca de una cocinera. Jacques quedó solo en compañía del peón, que en una ocasión atrapó por la cola a un peludo; este animal, después de degollado y vaciado, y puesto a cocer lentamente en grasa dentro de su propio caparazón, resultó un excelente almuerzo; al joven francés le recordaba el sabor de un lechón, y supo que si se lo dejaba enterrado unos días se atenuaba su sabor salvaje.

Al fin volvió el propietario con una cocinera, Felicia, una vieja cordobesa que resultó una verdadera perla, pues conocía todas las tradiciones provinciales, y lo hacía todo bien: cocinaba, lavaba, preparaba quesos y fiambres, velas que ardían muy bien, jabón que olía muy mal, cojinillos y otras mil cosas; su único vicio era beber litros de café negro. Pero lo sabía todo sobre hierbas, y conocía las recetas tradicionales. Curaba las migrañas pegando sobre la frente pequeños pedazos de papel de cigarrillo que recogía de las colillas tiradas por

85

su patrón; cuando éste quiso intervenir ofreciéndole papel nuevo, ella lo rechazó con el desprecio de una médica ante el consejo de un profano. La flora de la región le ofrecía toda una farmacopea, que Jacques aprendió. La fruta del algarrobo se utilizaba para las indigestiones, ya que es un laxante suave; también es buen expectorante. La fruta del chañar es excelente remedio para la tos, ideal para catarros crónicos, asma y bronquitis; también se puede usar como diurético y desinflamante de las vías urinarias. Jacques se curó una fuerte bronquitis con una poción de hojas de chañar hervidas, seis tazas diarias, endulzadas con miel. La jarilla es eficaz contra la gota, la ciática, el reumatismo y la artritis, y en baños de pies para mitigar el sudor y el mal olor, práctica a la que Felicia jamás se dignó recurrir personalmente. La infusión de poleo era utilizada por los indios para acelerar partos que se demoraban, y para combatir los nervios en general, las palpitaciones del corazón y el zumbido de los oídos. El suico era remedio infalible para diarreas y trastornos del estómago. Y la tusca en infusión era infalible remedio para heridas internas.

Ávido de aprender, Jacques anotaba todas las recetas de Felicia, y le traía todos los vegetales y animales que encontraba para que ella dictaminara sobre su utilidad. Se familiarizó con la flora del país, no tanto con fines medicinales como para poder apreciar justamente la calidad de la tierra, su riqueza y humedad. El pequeño bosque cercano a la casa se volvió su refugio predilecto, como ya lo era de muchos animales desconocidos para él: comadrejas, pájaros de cuello amarillo, urracas, y, un día, un gran tucán gris; más abundantes eran las cotorras y loros, plaga para los cultivos, y tan numerosos que un día habiendo salido de cacería con la Perrière abatió doce de un solo tiro de escopeta calibre 16, consolidando de esa manera su fama de buen tirador. También salían a cazar vizcachas por las noches, cuando éstas emergían de sus inmensas moradas subterráneas, que a veces cubrían más de una hectárea con innumerables bocas; este gran roedor gris con cola de crines duras resultó muy difícil de matar, inclusive con escopeta; heridas, se escapaban a sus cuevas, garitas inexpugnables donde por las noches reina un tremendo bullicio. Su carne blanca, seca y fibrosa, le pareció mediocre a Jacques, pero se la comía en escabeche en toda la extensión pampeana.

El trabajo consistía en revisar los potreros, trabajar con las escasas herramientas disponibles, mantener en pie los alambrados, y de vez en cuando, cuando moría una vaca, arrastrar con la chata el cuerpo, al que previamente se le quitaba el cuero. Una vez en el casco, se le hacía la "autopsia", que por lo general los dejaba perplejos. Si recurrían a los vecinos y a sus peones, éstos, serios como catedráticos, comentaban gravemente: "Debió de ser una hierba venenosa", o bien "seguro que fue la peste", y los cabildeos terminaban cuando alguno de ellos decidía que esa vaca simplemente se había muerto porque tenía que morirse.

Pialada

Un día, para probar si había aprendido bien las lecciones, Jacques entró decidido al corral y lanzó muy abierto el lazo sobre un grupo de caballos que daban vuelta a su alrededor. Esperaba el tirón, pero cuando éste llegó lo hizo rodar por el suelo. Después de dar cuatro vueltas, perder los anteojos y despellejarse las manos, advirtió, entre las carcajadas de los peones, que había enlazado cuatro caballos a la vez.

Entre los recuerdos que quedaron de esa época estaba el de unos vecinos, padre e hijo, que los visitaron para comprar animales. "El hijo, nuevo rico, era para abofetearlo, afectado hasta el límite de la parodia del ascenso social, miraba con desprecio a su padre que tomaba tranquilamente un pedazo de galleta con la mano mientras que él lo hacía con el tenedor. En pocos años la pequeña fortuna familiar habrá sido dilapidada, y el nieto volverá a tomar la galleta con la mano, y volverá a trabajar como su abuelo, de acuerdo con el proverbio que circula entre los inmigrantes a la Argentina: De pobre a pobre, basta con dos generaciones."

Le agradó en cambio la hospitalidad que reinaba en el campo, y las numerosas fórmulas que la expresaban: "ésta es su casa", "ya conoce el camino", habituales en un país donde las distancias y la falta de albergues hacían indispensables esas ofertas. El comisario del pueblo los visitó y al irse les dijo: "Ustedes están en su casa en Oncativo". Otro vecino de apellido Nariz los venía a ver, y al irse se tocaba la nariz, recordándoles su nombre "para lo que gusten mandar".

Entre sus observaciones, que transmitía puntualmente en las cartas a la familia, mencionaba la agudeza visual de los nativos. Veían un punto en el horizonte y decían "Ahí viene Fulano". Generalmente reconocían el caballo, que es lo primero que registraban, y lo que más les quedaba en la memoria. Oía hablar a dos peones: "¿Te acordás de aquel hombre que vino hace ocho años en la época de la marca?" "¿El que montaba un bayo con tres patas blancas?" "Ese mismo."

88

La idea con la que había venido al país seguía latente: encontrar el sitio adecuado e iniciar una explotación agrícola-ganadera. Pero todavía era necesario aprender más. Todas las oportunidades eran buenas para ello. Jacques visitó en la ciudad de Córdoba al director de la Escuela de Agricultura, miembro de una conocida familia francesa de apellido Blacke-Belair, y obtuvo de él valiosas referencias sobre toda la zona. Aprovechó la visita para hacer una excursión a las sierras, y quedó deslumbrado por la belleza intacta de La Cumbre. Hizo el recorrido en un pequeño ferrocarril que circulaba por la montaña, árida salvo algunos sectores de árboles frondosos, que le recordaron las sierras españolas; el dique San Roque, aun cuando lo vio muy bajo, en época de seca, le pareció imponente. Tras una noche en Capilla del Monte escaló el Cerro Uritorco, cerca de La Cumbre, el punto más alto de esa región serrana. Contempló con admiración un paisaje de palmeras bajas y frondosas, que formaban manchas de sombra verde, sobre un fondo de violetas y otras flores silvestres.

Las ferias agrícolas eran un buen sitio para preguntar, ver y aprender. Visitó la de Villa María, y en septiembre viajó a Buenos Aires para asistir a la Exposición Rural. Trataba de no dejar nada librado al azar, pero sabía que probablemente sería el azar el que le trajera al fin la señal indicadora de su destino. Evaluaba con cuidado cada lugar que le mencionaban, y no vacilaba en recorrer grandes distancias para comprobar si los campos valían la pena. En una carta a su padre le comentó su deseo de conocer el sur, aunque "no muy cerca de la Cordillera, donde verdaderamente hay muy poco mercado, más bien comenzaría bordeando el Atlántico que está más poblado y parece mejor. Espero ir en tiempo de esquila, que es la mejor época para evaluar estas tierras". También tomaba en cuenta a San Luis, los valles riojanos, y más al norte. A fines de octubre visitó a un compatriota, uno de sus mejores amigos, George de Martrin Donos, que le había ofrecido un puesto de contable en su estancia La Totora durante la esquila. Allí Jacques volvió a experimentar las inclemencias del tiempo. Después de un invierno de sequía, una primavera lluviosa en exceso aisló el campo de Martrin Donos y dificultó el transporte de la lana. Jacques dibujó una caricatura del momento en que la enorme chata llena de lienzos de lana volcaba en el agua y quedaba sumergida en el barro. En esa estancia conoció a un peón ovejero, Gallardo Lavalle, que sería años después el primer capataz de la estancia de los Larminat, y trabajaría con ellos hasta su muerte en 1926. Este hombre era hijo de un capitanejo del jefe araucano Saihueque; se decía que de niño lo había capturado el general Lavalle, que le dio su apellido y lo crió en Buenos Aires (también se murmuraba que en realidad era hijo del prócer).

Pero la llanura pampeana terminó pareciéndole un tanto monótona, y reavivó sus deseos de seguir hacia el sur, a conocer "la famosa Patagonia", donde en definitiva encontraría su destino. La primera impresión fue buena: "Sus desiertos tan pintorescos, la sencillez y la pobreza de sus raros habitantes me sedujeron: me quedaría toda la vida", dice en una carta.

Fue invitado por el doctor Laure y sus socios, los hermanos Kennard, a Chimpay, cerca de Río Negro, donde sólo eran habitables los valles; bastaba alejarse diez kilómetros del curso de un río para que el paisaje se transformara por completo y se volviera un inmenso desierto con chaparrales, y unos pocos chañares y piquillines. Ese paisaje gris que se extendía hasta el horizonte no tenía senderos; los pocos animales que lo habitaban eran salvajes y huidizos: pumas, guanacos, avestruces, liebres y martinetas. Jacques recordaría su experiencia con las palabras que usó Darwin para expresar la suya al recorrer estas tierras: "Las llanuras de la Patagonia (...) se caracterizan sólo por sus cualidades negativas: no tienen viviendas, no tienen agua, no tienen árboles, no tienen montañas, no tienen más que plantas enanas. ¿Por qué entonces —y el caso no me ha sucedido sólo a mí— estos áridos desiertos se han posesionado de tal modo de mi mente?"

El pueblo de Chimpay, donde el río Negro hace un meandro, era entonces poco más que la estación de ferrocarril y un boliche atendido por dos personajes curiosos: Martín Bresler y Matuscka. El primero se volvería con el tiempo un famoso asesino, y pasaría su vida en diversas cárceles y huyendo de ellas, cultivando una fama semejante a la de Robin Hood, para terminar loco; a Matuscka, Jacques lo describió como un cerebro de gorrión posado sobre un cuerpo de elefante.

En Chimpay, Jacques presenció un asesinato, y ofició de perito fotógrafo, pero ésas fueron anécdotas menores. Más importante, en realidad decisivo, fue el conocimiento que hizo del padre de Martín, Daniel Bresler, ex comandante bóer, que le ofreció formar parte de la expedición que preparaba más al sur en la Patagonia. Jacques aceptó, y partieron poco después, desde Neuquén, en una caravana de seis hombres de a caballo y dos en carreta. El comandante Bresler se dirigía a tomar posesión de las tierras que había obtenido del Estado sobre las márgenes del lago Lácar: dos mil quinientas hectáreas de tierras fiscales, además de una veranada, con excelentes pasturas rodeadas de bosques. Allí fundaría la estancia Quechuquina. Durante la travesía Jacques enfrentó por primera vez las molestias provocadas por el tan mentado viento patagónico. Churrasquear y tomar mate era casi imposible porque el viento implacable apagaba el fogón, y aun cuando no lo apagara obligaba a cuidados extenuantes para evitar que las chispas ocasionaran un incendio. A los novatos, el viento les volaba la ropa, y el frío, la arena y el polvo que se filtraban por todos lados les impedían dormir. Toda tarea se hacía doblemente difícil. La caballada más mansa se ponía inquieta y hasta ensillar o atar los caballos al carro se volvía engorroso. La arena suspendida en el aire oscurecía el día, y los granos más gruesos golpeaban sin piedad la máscara polvorienta en que se habían transformado los rostros. Sólo las ovejas, de acuerdo a su costumbre, pastaban de cara al viento, aprovechando que su altura les permitía repararse en los coirones. Los animales silvestres buscaban refugio en las quebradas o en sus madrigueras, lo que impedía la caza. Cuando el viento se prolongaba durante días, se alteraban los nervios de los hombres más templados.

A pesar de esta introducción poco propicia, Jacques estaba llegando a la meta.

6

Primeros pasos en la Patagonia

LA PRIMERA CONCLUSIÓN QUE SACÓ, Y TRANS-
mitió puntualmente a su familia, de la región de San Martín de los
Andes, sobre todo de los lagos Lácar y Lolog, fue que los campos
húmedos y boscosos eran escasos, y tan arbolados que en ellos el
terreno disponible para la agricultura y la ganadería era mínimo; no
obstante, las pasturas eran abundantes. Al este se extendía una región
de llanura más o menos rocosa y muy ventosa, salpicada de espesas
matas aisladas de pasto coirón, muy malo para los animales. Estos
campos eran muy inferiores a los del fondo de los valles más húmedos, donde el trigo y la alfalfa se darían bien.

Uno de los mejores campos que vio en su recorrido pertenecía a la
Compañía Comercial y Ganadera Chile-Argentina, cuyo director, el
señor Schloesinger, vivía en Valparaíso. Con él entró en tratativas Jacques, que al fin había sentido llegar la hora de asentarse en un campo
propio. Este campo, llamado Cerro de los Pinos, tenía cuatro mil
hectáreas de excelentes tierras, en especial para ovejas, con sectores
relativamente grandes para el cultivo de cereales y alfalfa. Estaba
situado sobre la orilla del Chimehuín, un río subafluente del Limay,

a ocho o nueve leguas de San Martín de los Andes, y sobre lo que casi inevitablemente sería la traza del futuro ferrocarril.

San Martín de los Andes y Junín de los Andes, los dos pueblos más cercanos, habían sido emplazados como fortines fronterizos cuando Roca concluyó su avance definitivo contra los indios, y el propósito de la fundación había sido poner un límite a los reclamos territoriales chilenos. En ese entonces, poco más de una década después de su fundación, eran caseríos con unas pocas viviendas, quintas y chacras rodeando una plaza, la comisaría y el boliche. San Martín de los Andes había pasado recientemente a la jurisdicción civil y estaban apareciendo los primeros establecimientos educativos, la estafeta postal y el Juzgado de Paz.

"Cerro de los Pinos". El nombre obedece a un pico con cipreses en el medio del campo, que está cerca de una zona de grandes bosques. El terreno es muy accidentado, intercalado con mallines (lugares bajos y húmedos con hierba muy tierna) y laderas con hierbas duras y poco atractivas a primera vista, pero muy nutritivas para el ganado. En el momento de la compra había algunos manzanos, muchas vertientes naturales de agua, y algunas construcciones.

En carta a su padre, Jacques le comentaba la idea de contratar un matrimonio francés, ella para ocuparse de la casa, él un buen trabajador. También pensaba que necesitaría tres peones franceses, con los cuales pensaba capacitar a los criollos que de momento "trabajan de una manera bastante ineficiente", aunque reconocía la necesidad de tomar algunos de todos modos, para trabajos específicos de a caballo. En un aparte, decía que extrañaba La Hardonnière, y a su familia. "Hay momentos en que me pregunto si Argelia no habría sido mejor..." Pero él mismo advertía que esas dudas lo asaltaban cuando el viento le había alterado los nervios.

El padre respondió, celebrando la energía de su hijo, felicitándolo por sus viajes y trabajos; pero al llegar al tema de la compra del campo, no le ocultaba sus dudas: un sitio tan aislado le parecía un riesgo excesivo; si el ferrocarril tardaba en llegar, lo que parecía muy probable dados los difíciles tramos de roca que tendría que sortear, su hijo pasaría muchos años de prueba, antes de poder formar una familia.

Y no era ésa su única preocupación. "¿Cuál es el verdadero porvenir de ese país? ¿Podrá desarrollarse totalmente? ¿Cuáles son sus recursos? Los animales engordados a pasto, ¿no llegarán en estado de esqueletos a los centros de consumo? Con respecto a Chile, el mapa parece indicar que los Andes son una gran barrera. ¿Es verdad? ¿Hay acaso centros donde se pueda vender el grano y los animales?"

Le recomendaba estudiar cuidadosamente la cuestión del transporte en los dos sentidos. También le hacía innumerables preguntas sobre la altura de San Martín de los Andes, y la cercanía de caseríos, pueblos o ciudades. Le sugería que desconfiara de su sentimiento estético: "Los terrenos planos son feos, pero muy buenos; nadie quiere las montañas para la agricultura". Y lo prevenía contra prematuras grandezas de propietario recordándole la fábula de La Fontaine de la rana que quería ser grande como un buey. Concluía con modestia: "Recibe, hijo querido, mis reflexiones como un auxilio a las tuyas, que son las que importan pues sobre el lugar tú tendrás elementos de juicio que a mí se me escapan. Tus hermanos coinciden contigo y se sienten tentados por una región menos monótona que la llanura pampeana. Puede ser lo más prudente elegir esas tierras que están esperando al ferrocarril, listas para la primera instalación de nuestra familia fuera de Francia". Y, si la decisión de Jacques era en definitiva comprar en la zona de San Martín de los Andes, le pedía "todos los detalles posibles: topografía general, extensión, población, caza mayor".

En realidad las previsiones de Jacques fueron acertadas. La Patagonia, entre el fin de las campañas militares y las primeras décadas del siglo XX, había sido un territorio aislado e incomunicado. Al iniciarse la explotación petrolera, alrededor de 1912, resultó urgente solu-

FOTO: SANTIAGO DE LARMINAT (1911)

El lago Lácar

cionar este problema. El auge del automóvil también apremiaba la construcción de caminos transitables, ya que sólo existían los necesarios para el paso de los arreos de ganado. La primera línea férrea en la zona fue la que unió Bahía Blanca con Zapala. La empresa británica Ferrocarril Sud obtuvo en 1896 la concesión del ramal junto a una importante cantidad de tierra a ambos lados de la vía, total libertad para el trazado, exención de impuestos de importación durante cincuenta años, derecho a construir y explotar ramales y derecho a utilizar ríos cercanos. La punta de riel en Zapala se terminó de construir el 2 de julio de 1913, y al año siguiente llegó el primer tren, con lo que la región se transformó en un centro de intenso tránsito de mercadería y desarrollo de actividades económicas.

Jacques ya había tomado su decisión, pero no pudo telegrafiarle a su familia pues la presión especulativa había comenzado, y debía mantener la mayor discreción para realizar la compra del campo elegido, el mejor de los disponibles. El 2 de febrero de 1910 firmó la escritura provisoria de la compra de Cerro de los Pinos, y realizó el primer depósito de dos mil pesos.

En la carta siguiente a su padre le anunciaba la compra ya hecha, y también una compra de ovejas, que hacía por intermedio de Daniel Bresler, a quien llamaba "mi comandante bóer": "En él tengo total confianza; comprará cuatro mil ovejas a tres pesos, ocasión única ya que vienen de liquidación de la compañía". Se trataba de la Compañía Chile-Argentina, que le había vendido las tierras. Pero Santiago conocía poco la idiosincrasia de los hombres de frontera, y no había medido en toda su magnitud la astucia rapaz del bóer, que no vaciló en estafarlo. Bresler compró las ovejas a dos pesos con cincuenta, pero se las facturó a tres pesos a Jacques, retenido por los papeleos de la compra en Valparaíso y Buenos Aires, y se guardó la diferencia. Alquiló un campo para engordarlas y puso a un pastor, Gregorio Pinel, a su cuidado. Jacques por su parte no perdió tiempo en Buenos Aires, que se encontraba en plenos preparativos para los festejos del Centenario. Todos sus esfuerzos apuntaban a comprar tierras fiscales que pudiera unir a las que había adquirido. Le escribía a su padre: "Creo que estamos en condiciones excepcionales para obtener del gobierno tierras de la cordillera, que venden a 5 pesos (6 con comisión) pagables a 5 años, y es un excelente negocio. Desgraciadamente es muy difícil su obtención. Pero tengo buenas esperanzas. Bresler me apoya ante el gobierno, que nos considera de los pocos colonos serios de la cordillera. No podemos obtener más que una legua por persona, pero quizás con el nombre de Etienne podamos comprar más. Tengo justamente en vista dos veranadas y campos para agricultura. Las dos complementarían de maravillas nuestro Cerro de los Pinos, ya que están a poca distancia y a dos leguas solamente de San Martín de los Andes".

El 29 de marzo de 1910, dos semanas después de cumplir los veintiún años, depositó la solicitud en el Ministerio de Agricultura de Buenos Aires, tras lo cual se permitió unos días de descanso y de recorridas por la ciudad, que encontró sorprendentemente cambiada. En el año del Centenario, el furor de la edificación devoraba a Buenos Aires: se construían grandes mansiones a la francesa y a la italiana, se inauguraban monumentos, se abrían nuevas calles y se ensanchaban las avenidas, se realizaban las excavaciones para la primera línea de Subterráneo, y se trazaban parques. Se vivía un clima de euforia. Se esperaba con ansiedad el paso del cometa Halley, que si en otros países inspiró temor y aun suicidios, en la Argentina fue considerada una señal del cielo anunciadora de un promisorio destino. El cometa pasó sobre Buenos Aires en la madrugada del 19 de mayo, y toda la población lo esperó despierta. El astro de fuego bendijo la Semana de Mayo, el acontecimiento tan esperado en el que el país luciría sus logros y su grandeza.

Las acciones de protesta protagonizadas por anarquistas no empañaron los festejos. El programa de una huelga revolucionaria fue relegado a las páginas interiores de los diarios, mientras las primeras planas estaban dedicadas a describir las visitas de personajes notables, el más considerable de los cuales era la Infanta Isabel de Borbón, hermana de Alfonso XII y tía del entonces rey Alfonso XIII, cuya visita sellaba la reconciliación con la Madre Patria. La infanta llegó unos días antes del gran festejo y se alojó en el palacio De Bary, sobre la Avenida Alvear. Con grandes comitivas, llegaban presidentes y ministros de países vecinos. Se desplegaba una actividad febril: se colocaban a diestra y siniestra piedras fundamentales de futuros monumentos: el de los Españoles, el de los Italianos, el de Cristóbal Colón...

Los festejos no se limitaban a los notables: se preparaban fiestas populares, con reparto de ropas y comida, funciones de teatro gratuitas, fuegos artificiales, cinematógrafo. En el Hipódromo había carreras especiales, entre ellas el Gran Premio Centenario.

Al llegar el gran día, el 25 de mayo, desfilaron por la Plaza de Mayo veinte mil efectivos militares, argentinos y extranjeros, aclamados por numeroso público. Por la noche, se cantó en el Colón la ópera Rigoletto, y los cronistas coincidieron en que jamás el teatro había presentado un aspecto tan majestuoso.

Jacques describió los festejos en la correspondencia con su familia. En su respuesta, el padre lo estimulaba, temiendo el desaliento que podían provocarle los inconvenientes, y la soledad: "Creo que cuando estén tus dos hermanos allí para intercambiar ideas la vida será muy distinta". El espíritu familiar de los Larminat late en esta frase. Jacques era un innovador, no le gustaba recorrer caminos trillados, y se había lanzado a la aventura con todo su entusiasmo. Pero era muy joven, casi un adolescente, y manejar una situación de tanta responsabilidad, absolutamente solo, tuvo que resultarle muy duro. Aunque era cordial y sociable, también era muy desconfiado, como buen Larminat. Esperó la llegada de sus hermanos con ansiedad, seguro de que cuando estuvieran juntos se echaría a andar la maquinaria que los haría pioneros.

No cabe duda de que Jacques fue el motor de esta historia, y no tiene sentido especular sobre lo que habría pasado si hubiera debido enfrentar solo el desafío. Es muy posible que de todos modos hubiera logrado sus objetivos, porque estaba hecho de la fibra de los que hacen realidad sus sueños. Pero tal como sucedieron las cosas, los resultados fueron frutos de la unión y el afecto de los hermanos.

La carta del padre, ya mencionada, prosigue así: "En la intimidad de tu alma tendrás una legítima satisfacción cuando veas la prosperidad de tu familia en el presente y en el futuro gracias a estos primeros años de esfuerzo. Mi Cocot, habrá con qué compensar con creces las miserias y pagar las horas duras que irremediablemente atravesarás". Y termina hablando de La Hardonnière, donde los árboles florecían, la retama de oro ardía en todos los rincones y un buen aroma de pinos flotaba en el aire.

El padre no se limitó a dar consejo y aliento: ya había contratado a un matrimonio, los Liger, y los había entusiasmado para viajar a la Argentina. Etienne dio su último examen y se recibió de ingeniero en la prestigiosa École des Mines, con lo que quedaba listo para emprender el viaje y reunirse con su hermano. Las hermanas, fruto del segundo matrimonio de Jean de Larminat, hacían su presentación en sociedad. En Francia había elecciones legislativas, y la nueva Cámara quedó con mayoría de radicales; pero, según *Le Figaro*, los radicales se habían vuelto juiciosos y con ideas más moderadas, lo que es común en los partidos que se acercan al poder. Los republicanos y progresistas alzaban la bandera de los reclamos sociales. Jean le escribía a Jacques: "Las elecciones han sido decididamente mejores de lo que esperaba el Ministerio del Interior, y una mayoría de diputados se pronunció por la representación proporcional de la minoría, por la libertad de enseñanza, contra el impuesto sobre la renta y contra las manipulaciones del Estado. ¿Cómo los vota la gente? Eso es lo que somos, obviamente".

De Buenos Aires
a Cerro de los Pinos

E L 23 DE JULIO DE 1910 LLEGARON ETIENNE
y André, dos de los hermanos de Jacques que lo acompañarían en la
aventura patagónica. Se alojaron, los tres, en el Hotel Frascati, cuyas
tarifas habían subido aprovechando la afluencia de público para los festejos del Centenario. Aunque los recién llegados querían viajar cuanto
antes a Cerro de los Pinos, los demoraron en Buenos Aires los trámites de escrituración del campo, y también tuvieron que ocuparse de la
solicitud para las dos leguas de tierras fiscales, el campo Grande y el
campo Lolog; la solicitud estaba archivada en el Ministerio, y los Larminat deberían acumular todavía varios kilos de papel timbrado antes
de desistir de la operación.

Aprovecharon el tiempo libre para recorrer la ciudad: el Zoológico y el Botánico, y también el puerto, Palermo, la Exposición Uni-
versal. En ésta los impresionó sobre todo la colosal maquinaria agrícola fabricada en los Estados Unidos: cosechadoras con desgranadora
automática provistas de un enorme tubo donde una tromba de aire
lanzaba toda la paja cortada a buena distancia; esquiladoras mecáni-
cas con largos tentáculos que terminaban en una doble fila de dientes;

locomotoras de enormes ruedas que arrastraban una docena de vagones cargados hasta el tope. Para combatir la langosta, se había fabricado en la Argentina un aparato "langosticida" con grandes paletas que daban golpes formidables en el suelo. Los hermanos Larminat compraron utensilios más modestos: una pequeña forja con yunque, un molino de brazo que daba una harina muy blanca, y poco más.

El único modo de hacer el viaje por ferrocarril (salvo el último tramo) era tomar el camino de Santiago de Chile, bajar hasta Valdivia, y de ahí cruzar hasta San Martín de los Andes. La partida se demoró por el clima: estaban a merced de la nieve que bloqueaba la línea Transandina, y no tenían más remedio que esperar. En el hotel conocieron a estancieros venidos a la Exposición desde rincones remotos del país. Se cruzaron con Juan de Dios Reille, que en compañía de Malglaive esperaba, como ellos, para partir rumbo al río Colorado, donde se proponía estudiar las posibilidades de irrigación de la zona. Etienne por su parte se encontró con ex condiscípulos de la Escuela de Minas. Tantos fueron los encuentros y tan numerosa y alegre la compañía, que no lamentaron tener que esperar todavía unas semanas para emprender el viaje.

No todo era diversión. Etienne registró su firma en el Banco Francés del Río de la Plata y abrió la primera cuenta de la familia en el país. Visitaron el Ministerio de Agricultura, y comprendieron, por la tortuosa lentitud de los trámites, que deberían repetir la visita una y otra vez. Hicieron gestiones para que se aprobara la mensura del campo. E hicieron las compras para un largo viaje y una larga estada lejos de la civilización. Descubrieron que no habían traído suficientes zapatos, los sólidos zapatones de caza de Saint Hubert, y entonces debieron mandar a reforzar los que compraban en el país, porque "los zapatos que hemos encontrado aquí no son duraderos". La ropa blanca local no les pareció buena: "las medias no sirven más que para una vez". Entonces empezaron a incluir en sus cartas largas listas de pedidos,

106

porque les parecía que casi siempre era ventajoso comprar en Francia, por calidad y por precio, aun teniendo en cuenta el recargo de los derechos de aduana. Pidieron herramientas, y armas: para la cordillera, una carabina La Française, para la cual conseguían cartuchos en Buenos Aires; convenía llevar una escopeta para cazar patos, gansos salvajes, y avestruces. También un revólver Colt 45, porque era fácil conseguir balas, y aunque a esa arma se le reprochaba ser pesada e incómoda, resultaba fácil habituarse a su compañía, y era mucho menos peligrosa de cargar que los pequeños juguetes de bolsillo que usaba la mayoría. En realidad, estaban acostumbrados al revólver del Ejército Francés, pero dudaban de la posibilidad de conseguir balas para él. Pedían también una montura inglesa, y buen papel cuadriculado, libretas de apuntes, cuadernos de buen papel, lápices Faber y gomas de borrar.

En sus recorridas por la ciudad encontraron buenas tiendas donde se proveyeron de maletas y alforjas, cartucheras para el revólver "con el estuche a la izquierda", grandes cuchillos que servían para carnear, degollar y también para comer. Jacques había encargado en Mendoza bozales, cabestros, cabezadas, riendas, maneas y lazos. Los cueros se debían comprar en el campo, donde eran mejores y más resistentes pues se los trabajaba a mano, estirados y ablandados durante largo tiempo. No había que olvidar las compras de farmacia, que eligieron un poco al azar, ya que debían esperar a que la práctica y la experiencia les mostraran qué era necesario. Compraron suero antitetánico y antiofídico, jeringas, aspirinas, quinina, elixir paregórico, permanganato de potasio para hacer agua oxigenada. Y también ponchos y pañuelos para el cuello. No consiguieron en cambio, pese a buscarlos con empeño, los anteojos de arriero, necesarios para cuando se levantaba el polvo, o cuando se cabalgaba con el viento por delante.

El 30 de julio firmaron la escritura definitiva de la compra de Cerro de los Pinos. Todo el equipaje estaba embalado y despachado por la agencia Villalonga hacia Neuquén, desde donde sería llevado a la cordillera; pero, por lo riguroso que se presentaba ese invierno, no podrían contar con ningún carrero antes de octubre, por lo que los tres jóvenes quedaban librados a los recursos contenidos en las maletas con las que se quedaron.

Y el tren no parecía en condiciones de partir. Los diarios publicaban noticias alarmantes sobre la Línea Transandina: trenes bloqueados por la nieve, pasajeros sin comida ni calefacción, y una temperatura de varios grados bajo cero, recriminaciones indignadas contra la compañía y contra el Estado. Parecía que no habría trenes hasta que no mejoraran las condiciones.

Tal cosa pareció suceder al fin el 7 de agosto, cuando la compañía decidió arriesgar un nuevo tren. La llegada de los hermanos Larminat a la estación fue accidentada, porque si bien llevaban poco equipaje, un changarín trepó al coche en marcha, ansioso por ganarle el trabajo a sus competidores, y el cochero, para hacerlo bajar, lo insultó y amenazó con un cuchillo, distrayéndose de la conducción del vehículo, que atropelló a un barrendero. Un vigilante hizo su aparición en la escena del accidente, se llevó al cochero preso y les pidió a los pasajeros la dirección para convocarlos como testigos. Con gran presencia de ánimo, Jacques inventó una dirección imaginaria: la calle "Valparaíso", con un número de fantasía. Tomaron otro coche, llegaron a la estación, abordaron el tren que partía a Mendoza, y respiraron aliviados. Ya estaban en viaje.

Horas después, instalados en el vagón restaurante, veían desplegarse la llanura. Por tramos todo tenía el verde amarillento de las alfalfas segadas; después, todo era negro: campos arados. A lo lejos se veían los cascos de las estancias escondidos en montes. A intervalos iguales el tren se detenía en estaciones idénticas. Más adelante, el pasto puna reemplazaba a la alfalfa, y veían correr liebres y avestruces. Atravesaron pantanos y salinas. A la noche, ya en la provincia de

San Juan, acostados en cuchetas incómodas, se sintieron sofocados: el aire se volvía denso. A la mañana siguiente, todo estaba cubierto por un fino polvillo; y el paisaje había cambiado: ahora eran vallecitos salpicados de matorrales secos. Al oeste iba asomando la cordillera, una muralla negra seguida de una muralla blanca.

En Mendoza cambiaron de tren y siguieron en el Trasandino, al que calificaron de "infame". Casi no tenían lugar para las pocas maletas que llevaban, y menos todavía para ellos mismos. A la hora del desayuno, una parte de los pasajeros se veía obligada a apretujarse en un rincón dejando lugar para que comiera el resto. Se oía hablar en inglés, en alemán, en francés y en castellano.

Siguiendo el curso del río Mendoza, que serpenteaba espumoso por el fondo del valle, el tren se internó en la montaña. De pronto la pendiente se acentuó, y entre estertores la locomotora parecía sofocarse, y la marcha se hacía lenta. El cielo se oscureció y empezó a hacer mucho frío. Por todos lados los picos se volvían más escarpados, y el tren iba cada vez más despacio, deteniéndose muy a menudo. Nevaba. Al fin llegaron a Puente del Inca, y hubo una nueva detención. Pasaron cinco minutos, diez, media hora. Uno de los pasajeros que había ido a averiguar adelante, volvió muy agitado: "La vía está bloqueada, el tren no va a seguir". Consternación general. Pero la noticia se confirmó.

Por suerte estaban en Puente del Inca, una estación de aguas termales que recibía visitantes en verano, y cerca de la estación había un gran hotel (que sería destruido por una tormenta años más tarde) al cual llegaron los pasajeros del tren en medio de torbellinos de nieve, y jadeando por el poco oxígeno del aire de altura. En el hotel les dieron cuartos, y los Larminat fueron alojados en una habitación espaciosa que encontraron cómoda. Más tarde, a la hora de la cena, algunos de los viajeros presentaron ruidosas quejas, y exigieron definiciones. Todo el mundo terminó participando de las discusiones, en las que se cruzaban exclamaciones indignadas, pedidos de calma, proyectos contradictorios de volver a Mendoza con la locomotora, o cruzar hasta Chile con una tropa de mulas. Alguien anunciaba que le escribiría al ministro, otro se proponía escribir un artículo para un diario. A los Larminat les chocó que los más escandalosos fueran los franceses.

Por la noche, un grupo de pasajeros convencidos de que el único modo de no amanecer congelados era tapar todas las aberturas del cuarto donde dormían, y encender un brasero, salvaron la vida por milagro.

Al día siguiente prosiguió el estado deliberativo, y una mayoría llegó a la conclusión de que la situación era insostenible, y presionaron sobre el jefe de estación hasta lograr que enviara un tren de regreso a Mendoza. Los alborotadores partieron en él, y los Larminat, junto con unos pocos más, se quedaron en Puente del Inca, tranquilos. Mientras tanto, uno de los pasajeros, sin decir nada a nadie, había encontrado un guía y dos mulas, y había cruzado a Chile.

El tiempo empezó a mejorar, y durante los días siguientes los tres jóvenes se dedicaron a hacer excursiones por los alrededores y tomar fotografías. La región les resultaba muy curiosa, sobre todo por la falta de vegetación, representada exclusivamente por unas plantas gruesas que crecían aplastadas contra la tierra. En el hotel habían quedado sobre todo franceses: dos ingenieros que iban rumbo a La Paz, Bolivia, otro que iba a explorar unas minas de oro en el norte de Neuquén, un inglés cuyo sentido del humor no tardó en hacerlo insoportable, un español, algunos argentinos. Mataban el tiempo jugando al bridge.

Llegó una locomotora con una máquina para abrir paso en la nieve; pero esta máquina no funcionaba, y sólo servía para transportar a los hombres que abrían el paso con palas. Los Larminat, con permiso del inspector, fueron con estos hombres hasta Las Cuevas. El trayecto, sobre una plataforma al aire libre, los impresionó. Vieron al pasar varios equipos de excavadores de caras rudas, muy arropados y calzados con pedazos de cuero peludo atados con correas.

Etienne y el Trasandino bloqueado por la nieve

FOTO: SANTIAGO DE LARMINAT (1910)

Esperando una solución

Al regresar les informaron que habían anunciado por teléfono la llegada de un tren, proveniente de Chile. Pensaron que no habría inconveniente en que ese tren volviera atrás, llevándolos al fin de su viaje, cosa que los alegró, pues ya habían tenido bastante del aire de altura. Además, la cuenta acumulada en el hotel era muy alta, abuso del que se consolaron pensando que en Mendoza habrían pagado lo mismo sin disfrutar del espectáculo magnífico de esos parajes.

Fueron con sus equipajes al andén, seguros de que lograrían hacerse llevar a Santiago. El tren llegó, pero ni la persuasión ni la amenaza hicieron efecto sobre sus conductores; el jefe, un inglés, no tenía la menor intención de salirse de su plan establecido, y siguió con rumbo a Mendoza. Los viajeros varados quedaron melancólicos, mirando al Oeste, que volvía a cubrirse de nubarrones amenazantes, maldiciendo al hotel, al clima y a la inflexibilidad británica.

Pero no pasó mucho tiempo antes de que vieran llegar otro tren, y éste sí en la dirección correcta. A bordo venían todos sus conocidos que habían vuelto a Mendoza. En un primer momento la alegría de seguir viaje les hizo olvidar los detalles que les habían molestado de ellos; eufóricos, invadieron el tren, y fue entonces cuando recordaron los defectos que les habían hecho aborrecer de sus compañeros de viaje, al descubrir que no quedaba lugar para ellos ni para las maletas. Pero ya no volverían a bajar. De alguna manera se acomodaron, y el tren se puso en marcha.

En Las Cuevas los detuvieron aduaneros que, por su aspecto, les recordaron las bandas de forajidos que según la fama asolaban esas zonas. Se detuvieron largamente con un inglés que no tenía sus papeles en regla. Alguien gritó, exasperado: "¡Bájenlo del tren y déjennos seguir!". El jefe de los aduaneros se volvió hacia el impaciente y le dijo, con inquietante frialdad: "Una palabra más, y es a usted al que voy a hacer bajar... y a todo el vagón".

Al fin atravesaron el túnel fronterizo, y llegaron, tarde a la noche, al Hotel Los Andes, hambrientos y cansados. Allí pasaron la noche y a la mañana siguiente tomaron el tren a Santiago. A la luz del día pudieron observar la diferencia del paisaje: de la chatura del campo argentino y la aridez de la cordillera habían pasado a un laberinto de laderas verdes, valles por cuyo fondo corrían arroyos bordeados de sauces y aromos. Salvo algún toque de color local como los grandes cactus como candelabros, y el fondo de las montañas nevadas a sus espaldas, el paisaje les recordaba los contrafuertes de los Alpes. Pero estaban en un país sudamericano, y se los confirmó el mal estado de la vía, que obligó a que el convoy fuera arrastrado por tres locomotoras.

113

Llegaron a Santiago al mediodía. Les habían recomendado el Hotel Oddo, pero estaba lleno. Encontraron habitaciones en el Hotel de France, que a pesar de su nombre les pareció muy ordinario, y su comida mala. Los cuartos, como en casi todos los hoteles de aquella época, eran oscuros pero espaciosos.

Salieron a pasear por la ciudad y quedaron encantados por la finura de la luz y la temperatura primaveral, con el efecto un tanto exótico de las inevitables mantillas negras que envolvían por igual a todas las mujeres, desde las niñas de doce años hasta las viejas de ochenta. De atrás todas se veían iguales, como monjas, y nunca sabían si cuando se dieran vuelta verían los ojos vivos y brillantes de una joven, o los rasgos secos y consumidos de una anciana. Los tocados femeninos también eran todos iguales: un pañuelo negro atado bajo el mentón, resaltando la curva regordeta de las mejillas. La ciudad estaba construida con el mismo trazado de damero que Buenos Aires, pero al final de cada calle se veía la ladera de una montaña. Les gustó, y se habrían quedado con gusto unos días, sobre todo para asistir a un ciclo de conciertos que ofrecía el célebre violinista Jan Kubelik, con el que habían compartido el refugio de Puente del Inca. Pero se impuso la urgencia por llegar a Cerro de los Pinos, y volvieron a tomar el tren.

A medida que avanzaban hacia el sur, se sucedían las estaciones con nombres cada vez más extraños: Tinguiririca, Perquilauquen, Niquen, Pillaulelbun, Pitrufquén. Observaron que el campo se erizaba con cadáveres de árboles calcinados, a veces reducidos a un palo negro, a veces agitando todavía dos o tres brazos retorcidos: se abrían campos de cultivo mediante incendios, y ese espectáculo, funesto para los jóvenes franceses devotos de los árboles, era el precio del progreso.

El paisaje cambió cuando aparecieron las primeras cañas de colihues, que les recordaron la apariencia del bambú, pero con caña plena. Los campos que habían sufrido la "roza" o "rociada", es decir los incendios de desmonte, empezaban a alternar con bosques intactos, que al fin se unían y formaban a ambos lados de la línea el follaje continuo de la foresta virgen.

Valdivia, la ciudad en la que se apearon, les pareció muy particular. Las calles eran un lodazal truculento, y para que pudieran circular los coches se habían tendido tablones, más o menos yuxtapuestos y en líneas más o menos rectas; los coches que se atrevían a ir por estas pasarelas precarias debían hacer cabriolas que divertían a los observadores. Donde no había tablones era peor aun. Vieron carros hundidos hasta la mitad, descargando sus sacos de harina mientras los bueyes, con las patas invisibles dentro del barro, rumiaban tranquilamente.

Y el barro no era lo peor. Casi la mitad de la ciudad había sido destruida recientemente por un incendio. Se veían esqueletos de máquinas agrícolas, restos de casas. Lo que quedaba de una tienda de paraguas parecía una cueva poblada de arañas monstruosas.

Se alojaron en el Hotel Schuster, al que describieron como infecto. Y la comida alemana, llenadora y desleal, los desalentó. El resultado fue que quisieron marcharse de Valdivia cuanto antes. Lo primero que hicieron, en consecuencia, fue visitar la Compañía San Martín para averiguar qué facilidades les darían para continuar el viaje. El responsable, un tal Carmino, no se mostró muy alentador. Con tono lúgubre les comunicó: "No hay caballos, todos han muerto porque no hay pasto". Cuando le preguntaron cómo podía ser tal cosa, explicó: "Esto no es la provincia. En las provincias hay pasto, aquí no hay pasto, y por eso se murieron todos nuestros caballos". La clave del enigma estaba en una diferencia que hacían todos los nativos entre "provincias" y "cordillera". Cuando preguntaban por ejemplo por qué en la región se usaba un hilo de alambre tan grueso, la respuesta era: "Porque aquí no estamos en las provincias. En estas alturas hace mucho frío, y hacen falta hilos más gruesos".

Como el tren no partía hasta pasados unos días, hicieron una expedición a Corral, pequeño puerto en la entrada de la bahía en cuyo

115

fondo se encontraba Valdivia. Visitaron altos hornos que los impresionaron por sus dimensiones y actividad. La Compañía San Martín los explotaba al máximo, pero como la energía provenía íntegramente de la leña, los hermanos advirtieron con tristeza que no pasaría mucho tiempo hasta que desaparecieran todos los bosques de la zona. La otra atracción de Corral era la pesca de la ballena. Ellos llegaron al fin de la temporada, pero pudieron ver las grandes reservas de aceite acumuladas, y el espectáculo de la playa cubierta de enormes esqueletos.

Dieron largos paseos por los bosques de los alrededores, que encontraron bastante talados. Les llamó la atención que casi todos los árboles tuvieran hojas permanentes, pero de un verdor y una frescura que se habría creído incompatible con ese tipo de vegetación. Todas

Balleneros en Valdivia

las hojas tenían un perfume penetrante que les recordaba al coriandro, a la trementina y a otras especias.

Al fin partieron. El tren de la Compañía San Martín estaba compuesto de una locomotora seguida de una especie de gran furgón donde se cargaron caballos, equipajes y viajeros. No hicieron un trecho muy largo pues la línea cesaba a unas leguas del lago Riñihue. Allí desembarcaron y quedaron en compañía de un jefe de estación, tuerto, que vivía con su mujer en una especie de choza hecha con tablas de troncos y chapas. La lluvia los obligó a refugiarse en esa precaria habitación, y la buena señora les hizo descubrir las tortas fritas.

Pero los caballos que habían pedido para continuar la marcha no llegaban, y la lluvia arreciaba. Cuando ya estaban casi decididos a seguir de a pie, aparecieron uno, dos... tres... y cuatro caballos, ¡y una mula! seguidos por un hombrecito barbudo y jovial. Ensillaron los caballos y cargaron la mula, lo que no les llevó poco tiempo. Se pusieron los ponchos, y montaron. Pero el caballo de André se rehusaba obstinadamente a avanzar, pese a los taloneos y rebencazos; lejos de avanzar, de pronto retrocedió, en espiral, acercándose peligrosamente a la gran fosa que se extendía a lo largo de las vías del tren. Tres veces se repitió la misma escena, para diversión del tuerto. Hasta que el peón descargó un garrotazo en la cabeza del animal, que, convencido de pronto, se volvió dócil como una oveja.

Comenzó la marcha a través del bosque, bajo una lluvia que golpeaba con dureza. No tardaron en comprender que lo más conveniente era dejar que los animales se las arreglaran solos, cosa que hacían mejor que obedeciendo órdenes de sus jinetes; pasaban por encima de enormes troncos caídos, se embarraban hasta el vientre en tramos de lodo blando, trepaban por barrancas de piedra sembradas de obstáculos, para dejarse resbalar luego, casi sentados, por una pendiente arcillosa, mientras las ramas húmedas daban latigazos en la cara del jinete y el poncho se volvía cada vez más pesado. No habrían podido

117

dar cuenta del camino que seguían. Serpenteaban entre los árboles, subían indefinidamente dando vueltas hasta percibir a la distancia, entre brumas, un lago; luego, un descenso rápido, un vado con gruesos guijarros que atravesaron con audaces acrobacias.

Al fin llegaron a una casa al borde del agua, con una escollera de madera en el fondo y un pequeño vapor que flotaba a cierta distancia: eso era Riñihue. Fueron recibidos con mucha cortesía por el capitán del vapor, Bouder, un hombrón barbudo con aspecto de marino bretón, que vivía en compañía de numerosos chanchos y una hosca araucana.

Bouder les informó que el tal Ovalle, que vivía en Huechulaufquen y era el proveedor de caballos, se había marchado a Collilelfú para ponerse a disposición del juez de paz, pues su sirviente se había envenenado con estricnina. La posta estaba en parte despoblada a causa de este asunto.

Atravesaron el lago Riñihue en el vapor del capitán. Como seguía lloviendo, no vieron nada más que los bosques que rodeaban el lago, interminables murallas de árboles que se iban haciendo más y más ralas. En Huechulaufquen encontraron una gran casa de madera, más bien un galpón. En su interior, en el centro del piso de tierra, una fosa cuadrada, donde ardía un pequeño fuego. Detrás del fuego, la vieja mujer de Ovalle, y en un rincón el cadáver del envenenado. Como ya se les había hecho habitual en esas postas, no había caballos, y nada para comer.

Bouder, antes de despedirse, les contó que a tres leguas de allí, en la orilla del Panguipulli, en un sitio llamado Chan Chan, vivía un hombre llamado Zapata que podía tener caballos. Los tres hermanos Larminat decidieron ir inmediatamente; claro que para llegar a Chan Chan debían trasponer el río Enco; fueron hasta él cargando al hombro equipaje y monturas, y cruzaron en una balsa atada con cadenas a un cable que atravesaba el río en diagonal; la fuerza de la corriente hizo precario el cruce, pero llegaron sanos y salvos a la otra orilla, y dejaron sus bultos contra el tronco de un árbol, bajo una chapa.

Partieron a pie, a través del bosque, siempre bajo la lluvia que a esa altura ya había transformado sus ponchos en mantos de plomo, hundiéndose y resbalando en el cieno esponjoso. De vez en cuando oían un crujido, y un árbol se desplomaba, arrastrando a veces otros dos o tres. La frecuencia de ese espectáculo les explicó el motivo por el cual las líneas telefónicas no funcionaban en invierno.

Tres horas después apareció un burro, que se puso a trotar delante de ellos, después un chancho, y al fin descubrieron una pequeña casa de madera de cuya chimenea salía una escuálida columna de humo. Eso era Chan Chan. Detrás, se divisaba un brazo del lago Panguipulli, rodeado de grandes bosques esfumados por la lluvia.

Pero en Chan Chan no encontraron más que a una mujer vieja y enferma: su marido se había ido a Collilelfú. ¿Qué hacer? No se les ocurría otra solución que seguir a pie hasta Molco. Antes de emprender la marcha, pidieron algo de comer. Les respondieron que en la casa no había nada. Lo que no impidió que media hora después les sirvieran una sopa de gallina bien caliente que les hizo mucho bien.

Cuando se disponían a partir, llegó el hombre de la casa, Zapata, quien disponía de dos mulas de carga y se ofreció a transportar al día siguiente la carga hasta Molco. De modo que decidieron pasar la noche con esta buena gente, que pese a sus escasos medios les hicieron lo más cómoda posible su estada, tendiéndoles camas, camas de verdad, en uno de los rincones de la gran casa.

A la mañana siguiente la lluvia había cesado, había un sol radiante, y los tres hermanos comenzaron con renovado optimismo la segunda etapa de su viaje por los bellos bosques chilenos.

El camino bordeaba una cornisa del lago Panguipulli, siguiendo un brazo por el cual se llegaba a Molco, donde no había absolutamente nadie. El empleado de la compañía que vivía allí se llamaba Oscar Cruzat, y cuando ya desesperaban de encontrarlo, apareció, en un bote, y les ofreció un cuarto para pasar la noche. Pero de caballos,

nada. Les dijo que estaban tan flacos que no se podía ni soñar en uti-
lizarlos. Mientras tanto Zapata les había traído el equipaje y las monturas, cargado sobre sus dos mulas, y se había despedido.

Otra vez estaban de a pie, y otra vez llovía. Decidieron esperar que
el tiempo mejorara para seguir la ruta caminando. Podían quedarse en
Molco, donde tenían alojamiento y comida. Pasearon en canoa por el
lago y a través de los bosques exuberantes donde cada tronco servía
de soporte a una vegetación de musgo de grandes hojas, de helechos
o de lianas de madreselvas con flores rojas. Cruzat les enseñó a reconocer las principales especies arbóreas del lugar. Los más notables: el
coihue, cuyo extremo era un tronco liso que se alargaba de un solo
tirón, con ramas como sombrillas con un follaje muy fino; y el arra-
yán, que vivía en los bordes del lago y extendía brazos tortuosos,
retorcidos, de color anaranjado, que avanzaban por debajo del agua
como una estela de tentáculo. Los Larminat tomaron muchas fotos.

Y estas excursiones resultaron provechosas, porque en lo de un
vecino, don Guillermo Ramual, encontraron dos caballos que podían
cargar el equipaje hasta Fuy, distante unos veintitrés kilómetros, y
hacia allí partieron, provistos de tres hormas de pan y una lata de atún
en conserva.

El camino avanzaba entre hermosos coihues, que por momentos
encuadraban la silueta nevada del volcán Mocho. Atravesaron un
vado con un pequeño torrente, y más allá, en el río Fuy, debieron
atravesar un puente de aspecto poco tranquilizador: entre dos estribos de madera que aun daban una ilusión de solidez, se había tendido un ensamblaje de tablones que formaba una curva muy pronun-
ciada hacia abajo, donde corría el río, blanco de espuma. Mientras lo
cruzaban, el puentecito crujía, se balanceaba, y parecía a punto de
venirse abajo. Pero los lugareños les aseguraron que los dos cables de
acero de los que colgaba eran a toda prueba.

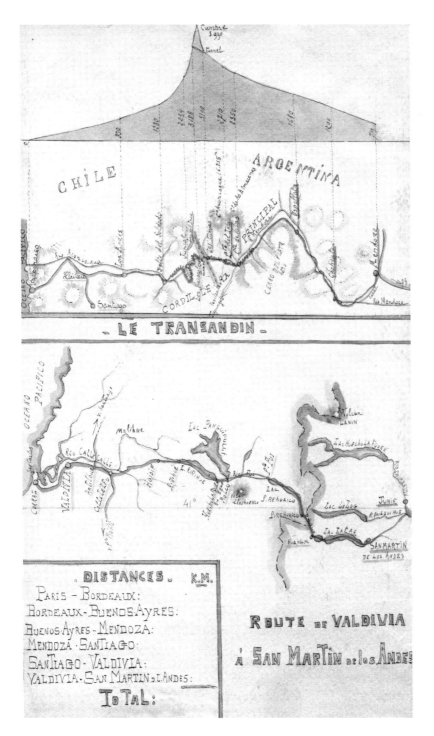

Mapa del viaje a Valdivia ilustrado por don Santiago

Hicieron un alto para comer el pan y el atún en la orilla de un arroyo, y poco más allá salieron de los grandes bosques y el envolvente follaje de bambú, para atravesar la pampa de Huyalhuinta, desde la cual admiraron una majestuosa caída de agua del Fuy. A partir de ahí el camino empeoraba, y empezaba la nieve. Avanzaron penosamente, bajando por una nieve inmaculada cortada por el verde oscuro de las cañas de colihue.

En Fuy reinaba el patrón del vapor que cruzaba el lago Pirehueico, un sujeto gruñón, que se rehusó enfáticamente a cruzarlos antes de la fecha indicada por los horarios, por lo que los hermanos debieron quedarse tres días allí, haciendo turismo y canotaje, helándose los pies en la nieve para quemar luego los zapatos sobre una salamandra llena de brasas, sobre la que se cocinaba una deleznable comida compuesta por restos de huesos hervidos con arroz, charque duro como suela, y poca cosa más. Antes de partir, tomaron un retrato de la mujer del capitán, que posó erguida como un huso en la puerta de su casa, con un chal rojo y un vestido verde, una horrible mueca en los labios que quería ser una sonrisa, un loro posado en el hombro y un chico en las rodillas. La foto, después de revelada, causó espanto, aunque todos reconocieron que estaba muy bien tomada.

Llegado el día y la hora, el capitán los cruzó en su vapor; las numerosas vueltas de la embarcación por el lago Pirehueico les depararon a cada momento nuevos y espléndidos paisajes. Al otro lado los esperaba Ovalle, al que no habían encontrado antes en su casa, y que resultó ser un chileno pequeñito y risueño. Le preguntaron si podría llevarlos al día siguiente a Huahum; la respuesta fue afirmativa, aunque con dudas por la nieve. "¿Hay mucha?", le preguntaron. "No, ha bajado muchísimo estos días, ahora llega apenas a esta altura", y señaló sobre la montura la argolla en donde se anudaban los estribos.

Pirehueico les pareció un sitio encantador, sobre todo porque la uniformidad de los bosques quedaba cortada por pequeñas pampas al borde del lago. En ellas Ovalle había cultivado algo de trigo, que no había rendido mucho, pero los jóvenes franceses advirtieron que el campo no había sido trabajado siguiendo un método intensivo.

El chileno Ovalle les dio algunos datos interesantes sobre el campo de la Compañía San Martín: uno de los mejores, les dijo, si bien tenía mucha nieve en los inviernos más rigurosos, estaba en el fondo del Pirehueico: unas veinte mil hectáreas, que se vendían a 120.000 pesos. Nueve mil hectáreas ya estaban desmontadas; limitaba al oeste con la frontera chilena, al norte con los cerros de Lipinza, y al sur por la cordillera de Ipela. No sufría de heladas en verano, y se podían criar unos trescientos animales.

Esa noche durmieron en camas improvisadas por su anfitrión, y a la mañana siguiente partieron, guiados por Ovalle empujando por delante una mula cargada con las maletas. Una linda bruma cubría el lago, y el camino no era del todo malo, pues la huella estaba marcada en la nieve, que en ciertos lugares rozaban con los talones. Pero antes de llegar al paso Huahum desapareció la nieve, y el bosque raleó, interrumpido por grandes pampas. Allí comenzaba a soplar el viento, que les anunciaba que ya estaban otra vez en la Patagonia argentina.

Al llegar al lago Lácar, los recibió una familia de holandeses, los Van Dorser, que les señalaron el vapor, que en ese momento desaparecía en la distancia: el capitán, sin horario fijo para los cruces, los hacía cuando se le daba la gana, o simplemente no los hacía. En este caso, acababa de irse, y esperar un pronto regreso era bastante ilusorio.

Los holandeses los consolaron de esta decepción con un suculento queso de chancho, seguido por un almuerzo copioso abundantemente regado con café. Mientras los hermanos se atiborraban de comida, sus anfitriones se disculpaban por no poder ofrecerles nada o casi nada de comer, ya que no los esperaban.

Decididos a continuar viaje como fuera, los Larminat contrataron a una pareja de mapuches para que los llevaran hasta San Martín de los Andes en su canoa. Era ésta un cómodo tronco de árbol tallado con hacha y flanqueado por dos balancines que impedían que se diera vuelta. No faltó lugar para el equipaje, pero avanzaron muy despacio, a pesar de la vela y un buen viento de popa.

El viaje tocaba a su fin, pero antes de llegar decidieron hacer una parada en Quechuquina, el campo de los Bresler. No encontraron en él al comandante bóer, pero sí a su hijo Ryno, un personaje corpulento de cabellos hirsutos, que vivía en un rancho sin luz ni aire, y sobre todo sin espacio. Quien se atrevía a entrar tropezaba inevitablemente, en las tinieblas, contra baúles, mecedoras y contra el ángulo de una especie de cabina formada por dos tabiques, que reducía a la mitad el espacio ya de por sí exiguo. Los Larminat hicieron un esfuerzo para entender el motivo de semejante incomodidad, en un sitio donde abundaban la tierra y la madera para la construcción, y no tuvieron más remedio que concluir que debía de tratarse de un auténtico amor por lo incómodo y lo inhabitable.

En realidad había otra explicación, que les dio Ryno Bresler mientras les mostraba las instalaciones: un buen estanciero debía preocuparse ante todo por tener galpones, refugios, un corral, una carpintería, cosas todas por las que los guió y que realmente estaban bien provistas. El alojamiento, según esta teoría, debía ser la última de sus preocupaciones. Los tres hermanos asentían gravemente, pero en su fuero íntimo se prometían no imitarlo.

Bresler padre, el comandante bóer, estaba en Buenos Aires por negocios. A otro de los hijos, Edwin, lo verían poco después en San Martín de los Andes. Dos hijos más iban a la escuela de Junín de los Andes, y una hija mujer, Corina, estaba pupila en un internado cerca de Buenos Aires. ¿Y la madre? En cierto momento Ryno golpeó una puerta, de donde asomó una bolita de tez rosada, narigona y con la boca muy hendida, con algunas mechas escapando de la cabellera más o menos peinada: era mamá Bresler, que pasaba todo el tiempo encerrada en su cuarto sin que nadie supiera bien en qué se ocupaba.

Navegando en la canoa mapuche

Con toda su extravagancia, la familia se mostró hospitalaria, con invitaciones a quedarse allí cuanto tiempo quisieran, y un reconfortante almuerzo de carne hervida y sidra (que los hermanos decidieron empezar a producir cuanto antes).

Pero no prolongaron mucho su estada allí. Esa misma tarde volvieron a embarcarse en el improvisado yate, en el que hicieron el último tramo hasta San Martín de los Andes. Había caído la noche cuando desembarcaron medio helados en el muelle del pueblito. Se vieron obligados a hacer acrobacias para transportar las monturas y bolsos caminando sobre tablas del ancho de un pie. Una vez en tierra, descubrieron que el depósito de la compañía estaba cerrado, pero se las arreglaron para introducirse de todos modos y dejar a resguardo lo más pesado del equipaje. Tras lo cual se encaminaron al Hotel Ponce, que los sorprendió por su confort; éste era muy relativo, pero después del largo trayecto estaban preparados para admirar y apreciar una cama de verdad, por modesta que fuera.

Edwin Bresler los acompañó en la cena; tenía el aspecto de un gran gato plácido, y hablaba con extrema lentitud. Era el vivo retrato de su padre, salvo por la barba, y tenía su misma astucia.

Esa noche, en las camas del Hotel Ponce, terminó el viaje, que con todos sus percances había sido instructivo, y los había terminado de convencer del porvenir de la zona, además de deslumbrarlos con sus bellezas naturales.

La formación de la estancia

LOS HERMANOS EMPEZARON POR LA CONStrucción de una casa, tarea en la que se ocupó un carpintero de la zona llamado David Zumelzu. Mientras tanto ellos se instalaron en un campo alquilado, La Avanzada, dos leguas de terreno sobre la orilla del Quemquemtreu, otro turbulento subafluente del Limay. El agua de estos ríos que venían de los Andes era la más clara que hubieran visto nunca en ríos, con resplandores verde mar. El valle del Quemquemtreu corría en un valle arbolado, con lomas suaves. La leña era escasa, pues no había más vegetación que arbustos aislados; sólo en primavera y otoño había abundancia de vegetación. La más común de las plantas de follaje verde-gris que crecía en las tierras altas que bordeaba el valle era el chacay, que parecía un árbol por la forma, aunque era poco más que un arbusto por el tamaño. A orillas del río crecía el sauce colorado, único árbol nativo de gran tamaño en la región, que parecía predestinado a servir de mirador a las águilas barcinas que abundaban en el valle, así como también de morada a la noble bandurria y de parador a los abundantes jotes y caranchos. El ñacurutú, magnífico lechuzón orejudo, también frecuentaba los sauces, y el gato montés, y hasta el puma, que solía dormir una siesta tendido en las ramas horizontales a diez o doce metros del suelo.

Los hermanos vivían en un pequeño puesto, donde pusieron tres catres de campaña, uno al lado del otro, en el único dormitorio, y unas tablas a modo de mesa en la cocina, que disponía de un excelente horno alquilado a la Compañía Chile-Argentina. En los primeros tiempos cocinaron ellos mismos, cosa que hacían sin problemas, aunque les fastidiaba tener que lavar la vajilla. Pero pronto sumaron a un cocinero mapuche, Manuel Islanquín, hombre muy activo con el cual quedaron encantados. La comida que preparaba era sabrosa, si bien poco variada, ya que los elementos disponibles eran limitados: carne de oveja, zanahorias, arvejas, arroz, harina, café y chicha. Cuando recibieron papas, después de mandarlas a pedir y esperarlas con ansiedad, pudieron agregar cinco platos nuevos al menú. El pan lo proveían los vecinos de Quemquemtreu, lo mismo que la chicha. Ésta era una sidra de manzanas que ya habían probado en el viaje, y les había parecido agradable, al punto de planear hacerla en Cerro de los Pinos. En la zona había gran cantidad de manzanos silvestres, que se multiplicaron después de las primeras incursiones de jesuitas evangelizadores provenientes de Chile. Los indios mataron a los jesuitas, y destruyeron sus herramientas de labranza, pero las semillas traídas se convirtieron en árboles, y de las manzanas que producían esos árboles, una vez fermentado el jugo, se hacía la chicha.

André fue a trabajar a Quechuquina, la estancia de los Bresler, como aprendiz. Pese a la mala impresión que le había causado inicialmente el estilo de vida de esta familia, la convivencia le resultó agradable y provechosa. En una carta a la familia contaba de los hermanos Bresler: "Son dos mozos gallardos, muy competentes en todo lo que respecta a la vida de campo, y además excelentes maestros. Edwin es un gran peón, todo el día al aire libre, trabajando, montando a caballo, cambiando la hacienda de lugar; Ryno dirige la casa, se ocupa de las máquinas y hace las reparaciones. Paso de uno a otro y aprendo muchísimas cosas. Trabajo con un par de bueyes, y estoy aprendiendo el noble oficio del sembrador de trigo. Empiezo a hacerme de a caballo; mañana haremos el recorrido total de la estancia, para ver una cascada de la que me han hablado mucho".

Había muchos mapuches en la zona, y los Bresler albergaban a un jefe de tribu, gran cazador de huemules, que había ingresado a la estancia como adiestrador de los perros que ayudaban en el trabajo. Estos mapuches pura sangre eran más estimados que los peones criollos, contaban los Larminat en sus cartas, y algunos trabajaban realmente bien. Durante siglos habían sido los señores de esas regiones. Hasta mediados del siglo XIX el sur de la Argentina y de Chile no había podido ser conquistado por el hombre blanco. Ejército tras ejército se habían estrellado contra su heroica resistencia. Los caseríos construidos por los criollos con gran esfuerzo terminaban siempre destruidos e incendiados por los malones; sólo se podían sostener fuertes con soldados. Fue durante la década de 1880 que el general Roca terminó de aplastarlos, pero de todos modos, antes o después el resultado habría sido el mismo. Los mapuches, tehuelches o araucanos no tenían muchas posibilidades frente al fusil Rémington, o ante la oferta de aguardiente, y mucho menos las tenían ante el avance incontenible de la civilización.

Jacques y Etienne, mientras tanto, se ocupaban de las ovejas compradas. Las dividieron en dos majadas y las confiaron cada una a un puestero al que pagaban con dinero y víveres (cinco kilos de arroz, cinco de sal y cinco de yerba mate). Pronto advirtieron la ventaja de tener puesteros tercianeros, que obtuvieran una ganancia proporcional con la lana y carne producidas, lo cual tendría la sustancial ventaja de interesar al pastor en su rebaño.

El resultado del recuento de las ovejas no fue muy bueno, pero mejor de lo que habían temido. El invierno y la falta de cuidados les habían costado novecientas ovejas. Pese a lo cual se mostraban optimistas, y en sus cartas contaban, sorprendidos, que los corderos nacían en masa. Habían adquirido una tropilla de tordillos, con madrina alazana. Necesitaban caballos nuevos, y comenzaron a tratar con un domador, que después de un examen de entendido reconoció como buenos a cinco de los animales; "bueno" era el caballo que podía recorrer treinta kilómetros en un día sin cansarse.

Ese fin de invierno les deparó un clima perfecto, en el que hasta el viento, cosa rarísima, parecía haberse aplacado en homenaje a los recién llegados. Aprovecharon para explorar los alrededores, sembrados de volcanes y con restos de todo tipo de lavas. Había poca caza mayor, algunos patos en los torrentes, algunos avestruces; de cualquier modo, no contaban más que con los revólveres, ya que las escopetas, junto con el resto del equipaje, llegarían sólo a fines de octubre.

Aunque en las cartas se jactaban de ser "estancieros de la América del Sur", su situación seguía siendo precaria; para empezar, seguían de a pie, pues de su tropilla sólo se habían domado tres caballos, tan flacos que daba pena montarlos, así que recorrían el campo a pie. Pero la naturaleza empezaba a transformarse con la inminencia de la primavera, y el renacimiento de la vegetación se daba con un vigor formidable. Descubrían bosques nuevos, que no habían visto antes quizás porque los árboles estaban pelados. "Todo el lugar, tan desnudo hace quince días, se recubrió como por encanto y da placer verlo. Las ovejas empiezan a engordar, un poco por el ojo del amo, pero sobre todo por el pasto abundante."

Desde una perspectiva actual, aquellos primeros pasos de mi abuelo y sus hermanos en la Patagonia parecen duros, esforzados, y puede asombrarnos que jóvenes criados en medio de todas las comodidades de la civilización se adaptaran a un medio tan desnudo y desconocido. Pero, precisamente, eran jóvenes, y los impulsaba el entusiasmo de una empresa que lo prometía todo, a cambio de un sacrificio que podía ser largo. Y estaba el encanto de la novedad que les deparaba la interminable sucesión de sorpresas.

Un día, asistieron a un espectáculo grandioso: el rodeo de todos los caballos de la estancia Quemquemtreu. Haciendo un gran estruendo, los peones del establecimiento llevaban a toda la caballada al gran corral de la estancia. Los vieron llegar en medio de una nube de polvo: setecientos yeguarizos, muchos de ellos salvajes, relinchando enloquecidos, tratando de evadirse, y empujados hacia la tranquera del corral por un círculo de peones armados de rebenques y lazos.

Una vez encerrados, se trabajó con ellos durante dos días, que coincidieron con un temporal de viento que levantaba nubes de polvo espeso. Los caballos ajenos fueron devueltos a sus propietarios, que habían acudido al enterarse de la noticia del rodeo. Después venía la separación de las yeguas preñadas y los padrillos, lo que no era tarea fácil tratándose de animales sin domar: se enlazaba al animal que se quería apartar, y uno de los peones tiraba del lazo mientras los otros, montados, empujaban por detrás al animal. Éste por lo general parecía dominado por una idea fija: no ir donde querían llevarlo, y tanto luchaba que terminaba cortando el lazo o bien lanzándose a la carrera desesperada hasta que el lazo se tensaba, y entonces caía dando una vuelta completa. El último día se castraba a los potros; se los inmovilizaba pialándolos, es decir enlazándoles las dos patas delanteras cuando iban a la carrera. Esta operación tan difícil apasionaba a los peones, pero con frecuencia lastimaba a los animales por la caída de cabeza. La pialada exigía mucha práctica y habilidad, pues había que echar el lazo en dirección horizontal, cerca del suelo, de modo tal que el potro pisara con las dos manos dentro del círculo formado por el lazo; en ese momento el pialador daba un tirón rápido, al tiempo que se agachaba para afirmarse mejor; el potro por lo general daba una vuelta entera en el aire y caía.

133

En octubre recibieron por primera vez cartas de la familia de Francia, cartas que habían debido hacer un largo camino. Las noticias, las palabras de aliento y las recomendaciones, los estimularon a completar la instalación definitiva en Cerro de los Pinos.

Empezaron a llevar el diario de la estancia en un gran cuaderno. Allí registraban las marcas de las estancias vecinas, anotaban los números de sus negocios, y dejaban constancia de experiencias novedosas en su vida cotidiana de estancieros inexpertos. Abundan en sus páginas los testimonios de las astucias de las que eran víctima por parte de los criollos. Aprovechando la fama de ingenuidad que les daba su condición de europeos recién llegados, un chileno les pidió el favor de dejar en Cerro de los Pinos unas cabras, hasta que parieran; concedido que le fue el permiso, llevó junto con las cabras todas sus vacas y caballos. Un lugareño, Abdón Fernández, en sociedad con un alambrador de apellido Casanova que había trabajado para los Lar-

minat, sembró trigo y cultivó papas en un rincón de la estancia; cuando los hermanos reaccionaron contra esta intrusión, recibieron toda clase de excusas y dilaciones, y no tuvieron más remedio que esperar a que los intrusos levantaran su cosecha.

No se les hacía fácil, sobre todo, el trato con la peonada. Los hermanos trabajaban de sol a sol, y les costaba encontrar hombres que les siguieran el ritmo. Algunos, quisquillosos, renunciaban a la primera observación. Otros se quejaban: "Mucho trabajo y poca plata". Los mapuches eran trabajadores habituales en las estancias de la zona, pero con ellos el problema era el idioma.

Llegó la primavera, y la monotonía de la meseta patagónica empezó a alegrarse con el verde claro de los sauces, los musgos y helechos que crecían sobre los rápidos y las cascadas, y las flores silvestres que abundaban en las praderas. Recibieron las visitas de Martrin Donos y de La Perrière, que buscaban tierras para comprar, pero encontraron caras y malas las de Bariloche y se fueron a probar suerte en Misiones. Durante la visita descubrieron el talento de La Perrière con la guitarra, y alimentaron la nostalgia entonando viejas canciones francesas.

Jacques trabajaba duro en la organización de la futura estancia. Regateaba el precio de la madera, indispensable para la casa y los muebles, además de los postes de alambrado. Registró ante el juez de paz las marcas de sus majadas, compró hacienda, se ocupó del recuento, de la señalada y de la curación; y seguía buscando personal: un alambrador, el mejor que estuviera disponible, y un capataz. Para este último puesto le escribió al ovejero que había conocido en la estancia de Martrin Donos, Gallardo Lavalle, ofreciéndole un sueldo de 190 pesos mensuales, casa y comida. Además, ya venían en camino los Liger, un matrimonio de la región de Sologne contratado por Jean de Larminat, y que desempeñaría un papel importante en los primeros años de Cerro de los Pinos.

Pese al trajín, los tres hermanos encontraban tiempo para mantener una nutrida correspondencia con la familia en Francia. Jacques y Etienne, muy compenetrados con su condición de hombres de negocios, olvidaban un poco en sus cartas la parte descriptiva, y se explayaban a lo largo de innumerables páginas en los proyectos de la estancia. En cambio André (cuyo apodo familiar era "le Wurm" —el Gusano en alemán—) les escribía a sus padres con gracia y humor. En una de sus cartas contaba con lujo de detalles divertidos una visita a la estancia Quechuquina que hicieron los tres hermanos para cobrar los seis mil pesos que le había prestado Jacques a Bresler, y arreglar la compra de las ovejas que había hecho Bresler para ellos. "Nos llegamos hasta Quechuquina, donde encontramos a todos los Bresler. Después de romper el primer hielo que produjo nuestro arribo, nos hicieron una recepción cálida; nos ofrecían cartuchos, pollos y lechones... Luego hablamos de negocios, y el padre de los Bresler no se podía mostrar más amable. Para saldar la deuda sólo teníamos que tomar de la estancia lo que deseáramos: vacas, caballos, herramientas, hasta llegar a la suma de los seis mil pesos prestados. Después de hablar un rato del arreglo de cuentas, y no obtener más que respuestas vagas, Jacques preguntó el tema candente: —¿Qué pasó con los dos mil pesos de más que le envié? — (Sorpresa.) —¿Cuánto costaban las ovejas? —(Larga reflexión, ojos tornados al cielo, Bresler calcula.) —Dos con cincuenta. —¡Ah! De modo que le dijeron que costaban dos con cincuenta. —Sí, así me dijeron, y además lo vi escrito en los libros. —¡Ah! Le dijeron... ¿Costaron dos con cincuenta? ¿Realmente? —(Largo silencio... y de golpe, con su mejor cara de padre de familia suelta una carcajada divertida:) —¡OH, OH, OH! Pasen no más, caballeros... vamos a almorzar —Y nos introduce en su pequeña choza, donde toda la familia se esforzaba en distraernos, en alimentarnos y abrevarnos. Corina intentó tres veces cambiarnos las servilletas, y luego fue al piano. Cantaban el himno bóer y La Morocha. Y hasta el último momento eran la afabilidad y la bondad mismas, era enternecedor mirar al papá, Daniel, observando su pequeño mundo con los ojos húmedos y jugando al trompo con el más chico.

"A la mañana siguiente, desde que se levantó el sol, hubo un trabajo infernal en la estancia: Ryno y Edwin con la sembradora, Johnnie y Bertie con las horquillas, el padre dando órdenes a los peones, Corina disfrazada de granjera con un pequeño gorro blanco y un delantal pinzado, daba de comer a las palomas, la madre lavaba. Nos sentíamos avergonzados de no hacer nada, y de venir a perturbar esta vida patriarcal con consideraciones groseras de dinero.

"Por la tarde, las relaciones siguieron siendo la mar de cordiales: chicha, música, himno bóer.

"La mañana de nuestra partida, se mostraban realmente desconsolados, y llenaron nuestras maletas de provisiones. La madre nos dijo:

'Y sobre todo, si necesitan cualquier cosa, si están enfermos o heridos, sepan que aquí tienen un hospital. Y de cualquier modo los espero para Navidad'. El padre no podía resignarse a la separación, y estrechándonos las manos una y otra vez nos decía: 'Bueno, amigos, ¡que les vaya muy bien!' Un suspiro, la última despedida, y dejamos el lugar, perfectamente adoctrinados sobre el método Bresler."

El 25 de diciembre llegó Gallardo Lavalle a la estancia, con sus pilchas y un solo caballo. Se quedaría allí hasta su muerte, trabajando con lealtad y eficacia junto a los Larminat. Jacques lo había conocido cuando estuvo en Olavarría, y su juicio sobre él no varió, pues fue un capataz excelente. Era un hombre no muy alto, muy gordo, achinado, con bigotes muy negros y ojos vivaces. Tenía buena instrucción, escribía bien y sabía algo de contabilidad. Se casó con la hija de un hombre del sur, Ciriaco Moreno, Amada, y su hijo, Amado Lavalle, también se quedó toda su vida en Cerro de los Pinos, y fue amigo y confidente de la nueva generación, junto a la cual se ocupó de todo un poco y se negó siempre a aceptar el cargo de capataz.

Días después, ya en el nuevo año 1911, llegaron los Liger, otra adquisición trascendente para la estancia. Enrique Liger era un hombre robusto y muy trabajador, su tez rosada no le temía a los fuertes soles patagónicos, y se entregaba con frenesí a las tareas a su cargo. Hacía corrales, trabajaba en la construcción de galpones, era muy diestro con la guadaña y amaba los árboles tanto como los Larminat. Usaba grandes bigotes, y a André le divertía ver la pulcritud con que los peinaba, y ver cómo su color rojo brillante viraba a un gris mustio a medida que el polvo arrastrado por el eterno viento se posaba en ellos. Su mujer, María, muy hacendosa, se adaptó sin problemas a la falta de comodidades, y desplegaba una actividad tan intensa como la de su marido. Era pequeña, pero no frágil, meticulosa en sus faenas, y a pesar de su juventud había tomado una actitud maternal para con los hermanos Larminat, que empezaban a extrañar la compañía femenina.

La mudanza

María Liger hizo un poco más acogedora y familiar la vida de aquellos primeros tiempos de austeridad.

La mudanza a Cerro de los Pinos estaba en marcha, aunque la casa todavía no estaba terminada. Lo más difícil sería el paso de las majadas por el Chimehuín; y efectivamente, el trabajo, largo y penoso, llevó un día entero, y al caer la noche los animales todavía no habían terminado de cruzar el río. Gallardo optó por arrojar las ovejas donde había más agua, y con sólo dos ahogadas estuvieron al fin en las márgenes cubiertas de cantos rodados, rumbo a la nueva querencia.

Y después, la hora solemne de la mudanza de los dueños. Delante de la puerta del rancho de La Avanzada se apilaban las maletas, una columna de barriles, una pirámide de cueros de ovejas, y las cajas que contenían todo su ajuar. Partieron al día siguiente antes del alba, en una lenta tropa que se encaminaba levantando una nube de polvo hacia la colina que separaba los dos valles. A la tarde acamparon en la ribera del Chimehuín. Detrás venían las tropillas arreadas por los peones y controlando la marcha, desde lo alto de su cojinillo negro, el capataz Gallardo Lavalle. Don Enrique Liger, en la casa, completaba los preparativos. El Jordán, si no había separado sus aguas, al menos las había bajado un poco para dejarlos cruzar, y al día siguiente, "si Dios quiere", podrían entrar a la tierra prometida.

Y así fue realmente, pero la llegada no significó el fin de los problemas. Por lo pronto, debieron expulsar a otro intruso más que se había instalado en la casa, con su mujer, y había sembrado en el campo. Este individuo había actuado en sociedad con el alambrador, que le había asegurado que los franceses eran "buena gente", y ricos, y desconocían las costumbres del país, y siempre se podría llegar a un acuerdo con ellos. Jacques, que ya empezaba a cimentar su fama de ser el más firme de los hermanos, encaró al intruso y lo asustó lo suficiente como para hacerlo huir.

Tras lo cual debieron negociar con el carpintero, quien venía demorando deliberadamente el fin del trabajo, pues se encontraba muy a su gusto instalado allí. También se libraron de él.

Otro problema, más difícil de resolver, fue la existencia de "la ruta del sur", que cruzaba la propiedad, motivo por el cual pasaban alrededor de tres veces por semana tropas de un millar de bueyes, vacas y caballos. Durante el pasaje era muy común que se llevaran hacienda de la estancia, accidente del que los arrieros decían no tener culpa pues los animales estaban en el paso y se sumaban a la marcha por sí solos. Y eso sin contar las molestias que ocasionaba la gigantesca polvareda que envolvía las tropas.

Con todo, la mudanza los llenó de alegría, aunque todavía no estaba terminada. Un día más tarde llegó una carreta a La Avanzada, la que habían pedido para llevar los bultos a la casa; el carretero impuso un día más de plazo, y Jacques y Etienne acortaron la espera pesando y cargando las cajas, lo que no era un trabajo menor, especialmente tratándose de la caja de ropa blanca de la gran tienda parisina de Le Bon Marché, que pesaba ciento cincuenta y tres kilos. Al fin la carreta se puso en acción, después de reunir los bueyes que se habían dispersado pastando. La primera carga partió rumbo a Cerro de los Pinos. Jacques mientras tanto salió a dar un paseo... Lo que sucedió a continuación, lo contó en una carta a su padre que escribió esa misma noche: "Ocho de la noche. ¡Ah! ¡Mi viejo! ¡Catástrofe! Pero procedamos por orden. En el momento en que llego a la colina donde yo controlaba la situación mediante binoculares hacia Cerro de los Pinos y otros puntos destacados, oigo un ruido de estruendo... ¡Cataplún! Del otro lado del filo de la colina. Avanzo. Nada. Silencio de muerte... Nada de polvareda. Avanzo un poco más, y en un pequeño vallecito veo el carro volcado sobre un flanco, mientras que una cascada de toneles, cajas, sacos, teodolitos y todo lo demás rueda hacia el Chimehuín. Quizás aquí exagero porque el carro, en lugar de caer hacia el valle, volcándose sobre la susodicha barranca, por una maniobra seguramente muy hábil se había inclinado hacia la colina, de suerte que el mal podría haber sido peor. En suma, el desastre se reduce a dos catres de campaña hechos pedazos, diez latas de bizcochos desfondadas, y algunas cajas que no llevaban nada frágil. No es nada. Dos mil kilos de cosas patas arriba que hay que volver a cargar, no es moco de pavo, como se dice. El carretero, con una calma oriental, tranquilamente ha desatado los bueyes y comienza a desatar el cargamento. Se muestra muy avergonzado de verme testigo de su accidente, lo que no le impide exclamar que no habría podido arreglarse solo. Tenemos el tiempo justo, antes de que caiga el sol, de descargar, ordenar y volver a cargar la carreta que además tenemos que enderezar... ¡Debería haber buscado una grúa a vapor! Terminamos de despachar el último cargamento. Vamos, al fin, a tomar posesión de nuestra casa, lo que cierra una era y abre otra nueva".

141

9

El viaje a Magallanes

La Hardonnière

ABÍAN PASADO DOS AÑOS DESDE QUE Jacques se embarcara en Burdeos para iniciar la aventura argentina, y lo realizado hasta entonces lo llenaba de orgullo. Si bien todo estaba por hacer todavía, ya había encontrado un lugar a la medida de sus sueños, lo había hecho suyo, y había iniciado su transformación en una empresa próspera. Llegado a ese punto, y según lo convenido de antemano con su familia, era hora de volver a Francia a visitar a los suyos. Jacques deseaba reencontrarse con su padre, con sus hermanos y hermanas, contarles de viva voz las muchas historias que había vivido. Le urgía exponerle a su padre sus ideas y proyectos; en aquel entonces, la palabra del padre era ley, pero la experiencia había hecho madurar al joven Jacques, y él siempre se había salido un poco de las normas.

El 5 de mayo de 1911 zarpó desde Buenos Aires, hacia una Francia que lo esperaba en plena primavera. La Hardonnière estaba más florida que nunca. El reencuentro fue cariñoso, y se sintió muy a gusto rodeado del afecto de la familia y también de los amigos; en particular, estuvo feliz de reanudar las visitas al vecino château de la Turpinière en donde vivía la numerosa familia de Maindreville, con la cual los Larminat siempre habían sido muy cercanos. Entre los numerosos chicos que participaban de las alegres reuniones de las vacaciones, estaba la pequeña Magdelon, que escuchaba con curiosidad las historias de ese mundo que le parecía tan lejano e inhóspito, y seguramente quedaba impresionada por el aspecto exótico y distinto que Jacques había adquirido: para la niña francesa que unos años más tarde haría suyas todas esas historias, él ya era un americano.

Jacques por su parte se sorprendía a sí mismo pensando todo el tiempo en Cerro de los Pinos, y la suya era una nostalgia práctica y laboriosa: juntaba semillas de robles y hayas con la esperanza de aclimatar esos árboles a la Patagonia, visitaba fincas vecinas en busca de mejores carneros de la raza Rambouillet, o maquinaria moderna que pudiera llevarse.

Tenía largas charlas con su padre, contándole todo acerca de la estancia, dibujaba caricaturas de peones y vecinos para ilustrar anécdotas que reflejaban las enormes diferencias culturales, y los conflictos que esas diferencias traían aparejados. En términos objetivos, el sitio donde se había asentado en Sudamérica era un desierto, una tierra olvidada donde sólo colonos extranjeros se atrevían a instalarse, y servía de refugio a delincuentes y fugitivos que sacaban provecho de la incomunicación y las enormes distancias. Pero en sus descripciones, era un paraíso con montañas cubiertas de bosques de especies fascinantes, abundante en tierras casi inexploradas que lo tenían todo para enriquecer al ganadero o al agricultor, con posibilidades de forestar el suelo desnudo pero enriquecido por los sedimentos de las cenizas volcánicas. Todo estaba por hacerse, y el desafío de transformar ese páramo en un vergel trazaba las perspectivas de un futuro que valía la pena vivir.

Esto último se hacía más evidente en contraste con la situación europea, sobre la que sobrevolaban nubes de guerra. Ya dos años atrás, en el momento en que Jacques dejaba Francia, en casi toda Europa, pero sobre todo en los países de la "entente" (Francia e Inglaterra) y su adversario, Alemania, se multiplicaban los informes confidenciales en los que la hipótesis de la guerra se afirmaba cada vez más.

Jacques leía los diarios y percibía la acumulación de acontecimientos que anunciaban la Gran Guerra; pero ya la mitad de su corazón estaba en otra parte, y le interesaban tanto o más las noticias que recibía de la Patagonia. Una carta de sus hermanos le relataba la azarosa llegada de Gallardo Lavalle, que había ido a instalarse definitivamente con su familia a la estancia. Montado en un enorme carro pintado de azul y rojo, bautizado con el poético nombre de "La Luz de la Esperanza", había logrado pasar el primer brazo del Chimehuín, pero pese a los denodados esfuerzos de Poroto y Lista, los mansos bueyes de la estancia, complementados por una docena de caballos, no logró pasar el segundo brazo del río. Toda la familia debió replegarse hacia la isla, donde acamparon durante la noche. Al día siguiente sí pudieron pasar, tirando del carro tres yuntas de bueyes y cuatro caballos. Vista desde la civilizada campiña de La Hardonnière, esta historia parecía de otras épocas, primitivas y heroicas; Jacques lo sintió, quizás por primera vez, y en lugar de descorazonarlo, lo llenó de entusiasmo al permitirle medir la dimensión del desafío.

En noviembre, con las primeras heladas del invierno boreal, se embarcó de regreso hacia la Argentina, cargado de cartas y regalos para sus hermanos, con los que llegó a tiempo para festejar la Navidad en Cerro de los Pinos.

No duró mucho la calma, pues en los primeros días de 1912 visitaron la estancia Jorge de Martrin Donos y Roberto Iselin, de paso en un viaje de reconocimiento al sur (al "sur del sur"), e invitaron a Jacques a acompañarlos; no debieron insistir mucho, pues la aventura y lo desconocido lo tentaban por anticipado. El viaje se hizo, y fue uno de los momentos culminantes en la vida de mi abuelo, que recorrió en esa ocasión más de dos mil kilómetros a caballo y quinientos en coche, reunió información muy valiosa de primera mano sobre toda la Patagonia, vivió historias inolvidables y pintó sus mejores acuarelas.

Eligieron para el viaje diecinueve caballos de andar y dos de carga. Jacques llevaba una tropilla baya, con una yegua recién parida, y montaba su picazo Curupío. Martrin Donos montaba su zaino, y también aportó una estupenda tropilla de su estancia La Totora. Iselin le compró a un chileno, para la ocasión, una mula y dos caballos.

Partieron en uno de esos hermosos amaneceres patagónicos que se dan en las raras ocasiones en que no sopla el viento. Desde lejos, debilitado por la distancia creciente, les llegaba el bullicio de las faenas de la estancia: balar de ovejas, ladrar de perros y gritos de los peones. La serenidad de la mañana diáfana hacía posible oír sonidos provenientes de valles vecinos. Siguieron durante largo trecho el ancho "camino de Chile", el camino del robo, trazado por el paso de centenares de miles de vacunos arrebatados por los malones en las pampas argentinas antes de la conquista del desierto; ese ganado, tras una serie de operaciones de trueque, iba a engordar en los alfalfares de los grandes hacendados chilenos, de algunos de los cuales se decía que financiaban las incursiones de los indios. El camino bordeaba los caprichosos meandros del Limay por el centro del valle, lamiendo las secas y escarpadas barrancas.

El primer despertar en la travesía fue catastrófico. Los magníficos caballos de La Totora, mal amansados, habían partido en todas direcciones, ignorando a su yegua madrina. El caballo de carga se rebeló y se sacó de encima los bultos, dispersándolos por el suelo. Los dos caballos chilenos de Iselin también se escabulleron, para no ser menos, y su dueño tuvo que bolearlos, maniobra que tendría que repetir todas las mañanas del viaje. No obstante, el humor y las ganas de los amigos vencieron los obstáculos.

Jacques tenía prisa por llegar a la zona del Nahuel Huapi, que no conocía todavía y que le habían ponderado por su belleza. Ya antes de la llegada del hombre blanco los indios lo consideraban un paraíso, por sus bosques espléndidos, y no les faltaba razón. En el trayecto, las llanuras de frutillas silvestres perfumaban el aire de los Andes, que perdía su crudeza de altura entre el follaje de los árboles y los helechos elegantes, los preciosos geranios, las calceolarias y adesmias de colores brillantes, que se asomaban en las orillas de los torrentes. La erosión de las aguas de montaña había formado espléndidas hondonadas que se extendían hasta las elevadas colinas áridas del centro del territorio. Allí las hierbas crecían a la altura de un metro y medio, y había magníficos animales; los viajeros vieron caballos de unas proporciones y belleza sorprendentes en aquellos valles casi inhabitados.

Al llegar al Nahuel Huapi, se hospedaron en la estancia Tequel Malal, de Juan Jones, un adelantado en el uso del alambrado, que se había instalado a la vera del lago en 1889, después de desempeñarse como arriero en el Chaco y en Buenos Aires. Afamado por su hospitalidad, habían sido huéspedes suyos, entre otros, Ramón Lista, y el perito Francisco Moreno, a quien Jones proveyó gratuitamente de una tropilla de caballos destinada a la Comisión de Límites. A Jacques le interesaron mucho los relatos sobre el perito Moreno, en especial el de su cautiverio con los indios de Saihueque en los toldos de Caléufu, en 1880, de donde pudo escapar por el río Limay en balsa. Todo eso sonaba remoto, y sin embargo era notorio que la Patagonia había cambiado muy poco en el cuarto de siglo desde el final de la campaña de Roca.

Dejaron atrás las pocas estancias instaladas alrededor del Nahuel Huapi, y empezaron una serie de largas marchas siguiendo el valle despoblado, en el que no se oía más que el grito de los teros y el murmullo del viento sacudiendo los penachos de las pajas bravas o el lánguido ramaje de los sauces. En cinco días apenas si se cruzaron con algún resero. Les sorprendió la hosquedad de esta gente, que casi no les dirigían la palabra pese a que en ocasiones compartían largas horas de compañía, cuando desensillaban en el mismo paraje para guarecerse del sol. Notaron que esos hombres se cebaban su propio mate, sin compartirlo; la naturaleza de por sí solitaria del patagónico, agravada por la desconfianza, habían desnaturalizado el rito tan sociable del mate. Era común en esos años que muchos habitantes de la Patagonia carecieran por completo de documentos, ya que muchas veces su emigración a esas zonas coincidía con cuentas pendientes con la ley. No había demasiado temor, pero era cierto que la vasta región de los territorios de Chubut y Santa Cruz era guarida de cuatreros y bandidos, que podían moverse sin apremios favorecidos por la escasa vigilancia y el aislamiento de los pobladores. El más célebre de estos refugiados había sido Asensio Brunel, que huyó a la Patagonia a raíz de un asesinato; durante unos años se dedicó a robar hacienda, especialmente caballos, y era famoso por arrear tropillas enteras para escoger los mejores animales, que permitían sus famosas escapadas en las que galopaba muchas leguas para cometer otro atropello en un punto muy distante. Su mera aparición bastaba para causar terror en sus víctimas: un aspecto deplorable, sucio, harapiento, el cuerpo cubierto con lonjas de cuero de puma, contrastaba con una gran prestancia como jinete y una mirada intimidante. Se lo acusaba del asesinato del estanciero patagónico Máximo Formel, y los diarios reclamaban la detención del bandido al que llamaban "el terror de los hacendados". Fue apresado varias veces, y siempre se fugó, burlándose de grillos, cepos, y de la más severa vigilancia. Hasta que los tehuelches de la toldería de Kankel, hartos de la cantidad de caballos que les había robado, lo rastrearon, y cuando lo encontraron lo ajusticiaron sumariamente. Durante mucho tiempo hubo gente que afirmó ver la sombra de Brunel recortándose en lo alto de un cerro, con la cabellera desgreñada y las pieles de puma azotadas por el viento.

En su gran viaje al sur, Jacques no vio tierras que le parecieran mejores que las que había comprado en Cerro de los Pinos. En reali-

Tehuelches

dad, nunca tuvo motivos para arrepentirse de su decisión. Salvo en Bariloche, donde las tierras eran un poco más caras, dominaba la aridez. Chubut parecía un desierto inmenso, sabanas de piedra con arbustos que vivían muriendo y un paisaje monótono sin variaciones de flora ni de fauna. Sólo se divisaban de vez en cuando guanacos, y bandadas de avestruces, que al ver a los jinetes huían asustados zigzagueando entre matas y coirones. Los choiques tenían una carne mediocre para el gusto de los viajeros, y los guanacos eran demasiado difíciles de cazar. Estos animales designaban a un macho para que oficiara de vigía, y con su grito de alerta, una especie de relincho más parecido a una risotada, ordenaba la huida de la manada. Los chulengos eran un poco más lentos, y una presa doblemente codiciada, por la carne, en especial el lomo y el riñón, y por el cuero, que se transformaba en excelentes quillangos. En su diario, Jacques registró las manadas inmensas de guanacos que veían, siempre de lejos, en las regiones desérticas del sur del Chubut; muy tímidos, esos animales se escabullían a los campos más pedregosos, donde se sabían inalcanzables.

Por causa del calor, los viajeros preferían marchar de noche, orientados por la Cruz del Sur. Llevaban el único mapa confiable de la zona que existía por entonces, el establecido por la Comisión de Eduardo VII, encargada de arbitrar la frontera entre Chile y la Argentina. En junio de 1899 el perito Moreno había pronunciado ante la Royal Society de Londres unas palabras que seguían vigentes: "Hablamos de aridez, de desiertos, de dificultades para las comunicaciones, y no nos preguntamos si países con mayores dificultades no lograron progresar. Creo no ser visionario al profetizar una población nutrida en las provincias del interior. En cuanto a los territorios patagónicos, allí pueden hacerse maravillas". Y poco antes del viaje de Jacques y sus amigos, el mismo perito Moreno había afirmado en 1909, en un artículo para el diario *La Nación*: "El mapa argentino, por lo que respecta a esa parte de nuestro territorio, está actualmente tan en blanco como cuando yo lo cruzara en 1879".

A pesar de la precariedad cartográfica, Jacques logró conducir a sus amigos, tras cuatro días de marcha nocturna, al Putrachoique, único punto indicado en el mapa. Era un desierto olvidado por los argentinos, en el que casi nadie se aventuraba, salvo algunos científicos como D'Orbigny, Darwin y Moreno, que tuvieron motivos para felicitarse por su arrojo al descubrir sus riquezas geológicas, restos fósiles bien preservados y pinturas prehistóricas.

A Jacques también lo fascinaron las innumerables pruebas de grandes fenómenos geológicos que habían dejado su huella en la Patagonia. Geólogo nato, se interesó en la variedad de piedras que encontraba a la vera de los ríos, los fragmentos graníticos, de basalto y traquita de colores diversos arrastrados por los aluviones, en los que podía leer una historia de milenios. Poco a poco, se iban sumando motivos a su hechizo patagónico.

Habituado a la escala europea, donde la geografía era previsible y cada detalle había sido descrito y catalogado desde la antigüedad, en la Patagonia todo era desconocido, todo estaba por descubrir. Por un lado eso era excitante; por otro, sumamente incómodo. Las mesetas sin caminos y llenas de piedras entorpecían la marcha, los caballos se mancaban fácilmente, y los magros pastizales los debilitaban cada día más. Las escarpadas laderas donde sólo se veían las caracoleantes sendas de guanacos dificultaban el descenso de la caballada, ya fuera por falta de práctica de los tres viajeros, o por el miedo de los animales, que no apartaban la vista de los abismos que flanqueaban. Al caballo carguero debieron vendarle los ojos, después de que en una espantada dejara diseminados los bultos por todos lados. Los ríos podían ser simples charcos de barro que servían de morada a unas pocas gallaretas, o prolijos cursos de agua clara de la que se pescaban enormes truchas, o aun veloces corrientes con remolinos de espuma, que se hacían muy difíciles de cruzar. Por lo general en la vecindad de ríos y lagos el paisaje cambiaba radicalmente: la aridez era remplazada por extensos pastizales verdes, regados por manantiales en los que crecía el berro silvestre y se dibujaban las oscuras hojas de los calafates. En la meseta abundaban las lagunas de agua salobre y dulce, compensando la aridez del suelo. Lamentablemente, allí se multiplicaban los mosquitos, que atacaban a los viajeros en el calor de las tardes, y a quienes nada parecía aniquilar, ni siquiera las bruscas oscilaciones de temperatura en el verano patagónico, que llegan a una amplitud de treinta grados de diferencia entre el día y la noche.

En los altos pajonales se escondía el gato pajero, una fiera de escasas dimensiones pero feroz con sus víctimas, roedores y corderos pequeños; se defendía con valentía y era muy difícil de cazar. Y el puma, que se alimentaba de guanacos, pero que podía atacar la caballada. Este animal, que tantas preocupaciones había causado en viajeros ignorantes, nunca atacaba al hombre, al que temía, y hasta podía convertirse en su amigo; era conocida la anécdota de Félix de Azara, quien durante sus viajes por el Virreinato había conservado durante cuatro meses un cachorro de puma que pasaba el día jugando con los esclavos y ronroneaba complacido bajo las caricias. El paisano lo respetaba en el desierto, lo consideraba un animal tímido y de escasa inteligencia, pero no le perdonaba que atacase a sus animales, sobre todo si en una noche de "ánimo juguetón" era capaz de matar sesenta cabras u otras tantas ovejas. En esos casos lo ultimaba sin vacilaciones. El puma se resignaba de manera pasiva a morir a manos del hombre, a quien se negaba rotundamente a considerar un enemigo. En cambio si el cazador iba acompañado por perros, el puma se tornaba un animal audaz y sanguinario.

Antes de llegar a la región poblada de Santa Cruz, Jacques, Iselin y Martrin Donos quedaron desprovistos de víveres y tuvieron que alimentarse de guanacos y peludos, y cuando estos faltaron, del escaso arroz que les quedaba. Más adelante, durante un largo tramo, terminadas todas las provisiones, no encontraron nada que cazar o pescar durante varios días. El hambre les hizo pensar en matar alguno de los caballos, o mascar las cinchas... Pero la situación dio un vuelco completo cuando llegaron a las estancias en la zona de los lagos San Martín, Viedma y Argentino, donde los recibieron con comilonas que terminaron de desequilibrar sus ya vapuleados estómagos. Se hizo imperioso un descanso, que les sirvió para hacer algunas útiles observaciones del lugar.

En Santa Cruz sólo se podían criar ovejas, y la tierra costaba apenas cinco pesos la hectárea. Las mesetas y los valles glaciales, con el viento azotando eternamente las planicies, no podían compararse con los hermosos paisajes de Neuquén.

Un personaje curioso que encontraron allí fue Juan de Liniers, conde de Buenos Aires, bisnieto del héroe de la Reconquista y Defensa de Buenos Aires, Santiago de Liniers, que como premio de su actuación durante las Invasiones Inglesas fue nombrado virrey y obtuvo de la Corona el título de Conde de Buenos Aires, sólo para ser fusilado por espionaje poco después de la Revolución de Mayo, habiéndose previamente fugado con la caja del Virreinato. Este descendiente tenía muy poco que ver con su ilustre antepasado; enterado de la llegada de los viajeros franceses, Juan de Liniers fue a darles la bienvenida, parado sobre un solo pie en su caballo y agitando en una mano una botella de excelente coñac.

Visitaron también a otra familia francesa instalada en Santa Cruz, los Bonvalet, que les contaron truculentas historias de aquellas zonas donde el brazo de la ley llegaba débil y sin mucha convicción. Poco tiempo antes, durante la presidencia de Sáenz Peña, se había creado la Policía Fronteriza, una auténtica "Legión Extranjera", porque la formaban hombres de diferentes orígenes y nacionalidades, con antecedentes de muy despareja transparencia. Eran avezados jinetes, duchos en el manejo del sable y la carabina, e implacables con sus víctimas. La misión principal de este cuerpo era controlar la proliferación de bandoleros en la Patagonia. La más célebre persecución que protagonizaron fue la de los bandidos Wilson y Evans, asentados cerca de Esquel, que se dedicaban a la compra y venta de ganado, negocio que complementaban con el cuatrerismo. Su perdición fue el asalto a la sucursal de la Compañía Mercantil, en Arroyo Pescado, hecho en el que asesinaron al ingeniero Llwyd Ap Iwan, prohombre de la colectividad galesa. Ap Iwan había realizado importantes tareas como geógrafo y explorador, de las que resultó el descubrimiento del río Fénix, en Santa Cruz, que sirvió para confirmar las razones esgrimidas por el perito Moreno en el conflicto de límites con Chile. Este crimen desbordó la tolerancia de las autoridades, y la Policía Fronteriza persiguió a Wilson y Evans durante un año, y se enfrentaron a balazos con ellos en cuatro oportunidades, sin abatirlos. Finalmente, a raíz de un secuestro, lograron localizarlos y después de una encarnizada refriega los dos delincuentes cayeron muertos.

El acoso a los bandidos chilenos que cruzaban la frontera dio entre otros resultados la captura de José Pozzi, un salteador que infundía pánico por la ferocidad de sus crímenes. Muchos hombres con cuentas pendientes con la ley huían de las zonas urbanas y se enrolaban en la Policía Fronteriza, en la que se transformaban en excelentes agentes, de gran coraje y eficacia.

Los viajeros se divirtieron con las ocurrencias de un compatriota, Jean de Reille, que corría carreras a caballo con el comisario y lo dejaba ganar por conveniencia. Asistieron a una elegante cena en la estancia del barón Lascazes, pero catalogaron a la baronesa como una vulgar *cocotte* de la Rue de la Paix.

Una vez repuestos, Jacques y sus dos amigos dejaron la comodidad de las estancias cercanas a los lagos y se internaron por las dilatadas pampas de Santa Cruz, que pese a su gris uniformidad encerraban sorpresas que los encantaron. En las orillas de los ríos Santa Cruz y Gallegos, cuyos valles estaban cubiertos de árboles achaparrados y tupidos matorrales, encontraron numerosos cementerios de guanacos; a esos sitios acudían todos los guanacos de las llanuras circundantes cuando sentían que se acercaba la hora de la muerte. Este animal, pariente del camello, de hábitos gregarios, que sobrevivía y prosperaba en regiones donde cualquier otro herbívoro habría muerto de hambre, cumplía este último peregrinaje siguiendo la voz de un misterioso instinto.

También encontraron un kairn funerario indígena en lo alto de un cerro: un montón de piedras y ramas secas, por cuyas aberturas

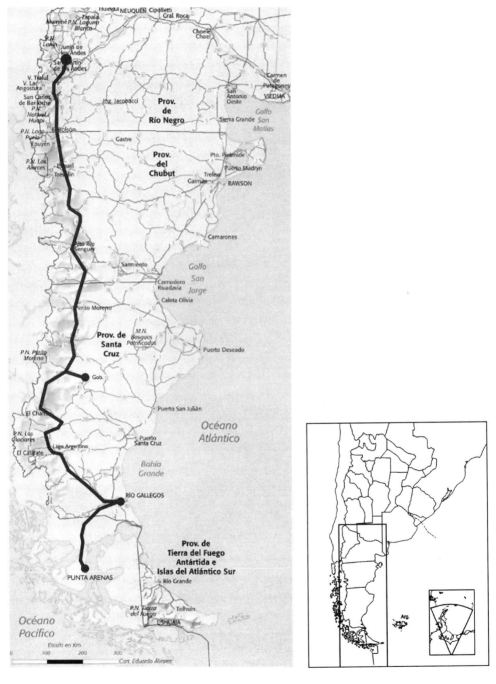

Mapa del recorrido

podían verse huesos blanqueados por el paso del tiempo. Cuando el tehuelche reinaba en las pampas del Sur, enterraba a sus muertos en los promontorios más altos de la llanura; con la aparición de exploradores blancos, se vieron obligados a realizar sus enterramientos en sitios menos expuestos. Los ritos funerarios tehuelches exigían que junto con el muerto se enterraran las armas que había usado, se sacrificaran sus caballos y al día siguiente del deceso se quemaran objetos de su propiedad: el muerto necesitaría el lazo, el cuchillo y el caballo para cazar en los campos fértiles que se extendían más allá de la "aguada grande" (el mar), donde abundaban los guanacos y los avestruces.

Los tres jóvenes franceses tuvieron también un encuentro con indios vivos. Los caballos que había aportado Martrin Donos para la expedición no llegaron a acostumbrarse a la dureza de los coirones, y la mala alimentación los inutilizó, de modo que debieron recurrir a los indios tehuelches para adquirir animales con los que seguir camino. La toldería estaba situada a un centenar de kilómetros al norte del río Santa Cruz. Los indios habían elegido un valle hondo y abrigado, con buenos pastos y mejores manantiales. Allí pastaba una cincuentena de caballos salvajes, orgullo del cacique de los aborígenes de la región. Estos animales eran supervivientes de antiguas manadas que en siglos pasados vagaban por las pampas de Buenos Aires. Descendían de los caballos traídos por los colonizadores, y al cabo de siglos de libertad y pastos abundantes, se convirtieron en el arma más eficaz de la indiada, ya que por su resistencia podían galopar muchas leguas sin cansarse. Fue de este fondo biológico de donde Solanet, después de largas expediciones hasta el fondo mismo de la Patagonia en busca de los animales de sangre menos contaminada, obtuvo los ejemplares a partir de los cuales creó la raza Criolla, milagro de adaptación reconocido en todo el mundo.

Las negociaciones con los indios fueron más difíciles de lo esperado, y les llevó varios días alcanzar un acuerdo. Durante ese lapso Jacques hizo observaciones sobre la vida y costumbres de estos indios mansos. Intentó encontrar talladores de flechas, de las que había visto especímenes perfectos en los túmulos funerarios, pero el contacto creciente con el cristiano, y la patente inutilidad de las flechas frente a las armas de fuego, les habían hecho perder esa industria primitiva. Se contentó con comprarles algunas pieles de guanacos y zorrinos, mientras que sus amigos compraron cueros de zorro y pieles de foca. También compró unas estupendas ajorcas de plata, hechas con antiguos patacones, que años después serían parte del ajuar de su futura novia Magdelon.

Con buenos caballos de recambio siguieron galopando hacia el sur, acompañados, cuando no arrastrados, por un viento que cortaba la palabra y la respiración. Las cuatro leguas que hicieron remontando el siniestro valle del río Tucutuco agotaron a los caballos. Los roedores que dieron su nombre al río habían minado de tal modo el terreno con sus galerías que a cada paso los caballos se enterraban hasta las rodillas. El viento sur se desencadenó en toda su furia, trayendo consigo una tormenta de granizo. El termómetro descendió a cero y más allá, y los viajeros se vieron envueltos en una nevisca que no dejaba ver nada. Fue inevitable que perdieran el rumbo, y Jacques notó que Iselin se atrasaba, sin que valieran de nada los gritos pues el viento gritaba más que ellos. Existía el peligro de que se perdiera el carguero, que llevaba los pocos víveres que les quedaban, lo necesario para encender fuego, y unos ponchos con los que contaban por si persistía el mal tiempo. Perder el caballo y las pilchas en una situación semejante podía resultar fatal, y la nevada empeoraba las cosas, ya que borraba huellas, humedecía los fósforos, su reflejo dañaba la vista, quemaba las botas y entumecía el cuerpo. Jacques recordaba algunos consejos que le habían dado paisanos experimentados, y que le fueron muy útiles en la ocasión: si los sorprendía la noche y perdían el rumbo, debían palpar la inclinación de los arbustos, que en la Patagonia era siempre de Oeste a Este debido a la acción del viento; cuando se dormía al sereno convenía no desvestirse, por si había que levantarse de improviso y para que el viento no arrastrara la ropa; y además siempre se debía llevar encima fósforos y pedernal. En invierno, el vuelo de las avutardas era orientador, ya que su viaje migratorio siempre era en dirección sudeste. El perro era buena compañía, pues ayudaba a la caza, y ahuyentaba a las alimañas como el zorro, que si bien no atacaba al hombre tenía la molesta costumbre de mascar los cabestros, con lo que había dejado de a pie a más de un baquiano. Y recordaba sobre todo el consejo de Gallardo Lavalle al partir: "Tenga cuidado patrón con los porrazos que da la Patagonia".

Esa noche de tormenta la pasaron alrededor de una fogata encendida al abrigo de una piedra, envueltos en las pieles compradas a los indios. Y al día siguiente reemprendieron la marcha.

Después de cruzar el último trecho de la alta meseta patagónica, llegaron a los campos poblados alrededor de Punta Arenas, un pueblito desparramado sobre una loma frente al estrecho de Magallanes. Allí terminaba el viaje, que les había insumido casi tres meses. Se embarcaron en el vapor Camarones, de la compañía alemana Hamburg Sud, y en una escala frente al río Gallegos Jacques le escribía a su padre: "Estoy encantado de haber hecho este viaje que me ha permitido ver horizontes nuevos para la venta de la lana. Vuelvo con la impresión de que la cordillera presenta muchos centros excelentes, pero que el nuestro es uno de los mejores. Hemos visto campos muy buenos, bosques y pampas, con lugares con pasto hasta la rodilla y otros con malas hierbas hasta el infinito, vistas espléndidas e inolvidables. Resulta difícil imaginar una región más variada que esta cordillera. Pero cuánto prefiero nuestra buena vida en Neuquén, alegrada por sus manzanos, vacas y agricultura, y este viaje me ha dado una convicción de comprar más tierra en donde ya estamos, y me voy a ocupar inmediatamente. He decidido pagar hasta veinte pesos la hectárea".

Viaje hacia Magallanes. Segunda mañana, salida.

1911. Un hombre solitario camina con su brújula contando sus pasos. Andrés hace el plano del campo.

25 de mayo ¡Viva la Patria!

Invierno en Cerro de los Pinos.

4 de junio de 1913. Intentando evitar el cable de la balsa de Collón Cura que tocaba el agua,
terminamos encallados a dos kilómetros del río.

2 de junio de 1913. La Barra del Limay.

1914. Mi bisabuelo Jean de Larminat y sus siete hijos enrolados en la Primera Guerra Mundial.

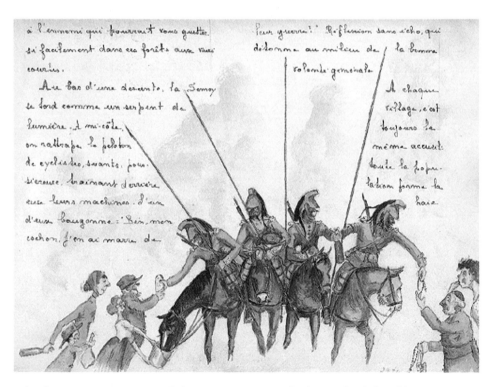

Julio de 1914. La organización de los Dragones para recibir los regalos de la población.

Junio de 1918. Los alemanes llegan en la oscuridad al bosque de Parroy mientras Jacques y su pelotón los esperan en el puente de Samon.

19 y 20 de julio de 1918. Combate de blindados.
"Mi teniente", le dice Lombard a Jacques, "todo el mundo está muerto".

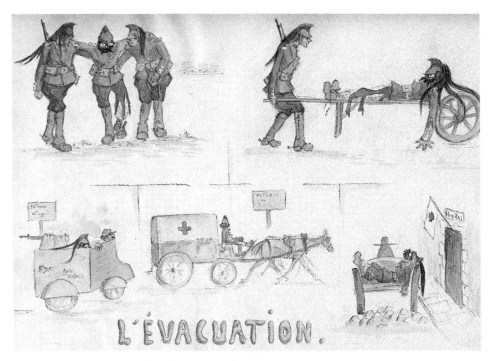

Octubre de 1915. Jacques, herido, es evacuado.

Septiembre de 1915. En columna por uno pasamos por un paisaje devastado.

Abril de 1920. Don Roberto inspecciona la construcción de la casa de Jacques sobre la margen sur del río Chimehuín.

28 de abril de 1920. Viaje de bodas. Llegan Jacques y Magdelon a Cerro de los Pinos.

1920. El fiel capataz Gallardo Lavalle es condecorado con la medalla del "Reconocimiento Francés".

1920. Primera noche en la casa nueva. Alerta nocturno. Don Santiago y Magdelon.

1924. Fiesta en la estancia.

1940. Señalada.

1947. Fiesta de fin de señalada.

1949. Don Esteban transporta la lana de la margen norte a la margen sur del río.

Diciembre de 1954. Tropa hacia los campos de verano "La Veranada" del Pato.

Diciembre de 1954. Primera tropa. Una majada de cinco mil ovejas llega a la nueva estancia de "La Nicolasa" en Chimpay.

1955. Don Andrés presenta a la venta el Gran Campeón Merino Australiano en la Sociedad Rural del Neuquén.

1959. La Doma con la tribuna y el picnic.

Julio de 1953. La gran creciente del río en el primer invierno del Puente Negro.

1966. Los fundadores descansan. Don Santiago (77 años) y Don Esteban (82 años).

El vapor lo dejó en Buenos Aires, donde se aprovisionó para el invierno en Cerro de los Pinos. Su lista de compras nos da una idea de la vida de la estancia, y de su menú: quinientos kilos de arroz, cuatrocientos cincuenta de yerba mate, cien de porotos, quinientos de azúcar, y doscientos litros de petróleo. Las cantidades pueden parecer excesivas, pero indican la dificultad de reaprovisionarse desde el sur.

El último tramo desde Neuquén a la estancia lo hizo en la desvencijada galera que cada ocho días llevaba el correo a la región cordillerana. Acomodado como mejor pudo en el anguloso pescante, debió soportar el viento cortante y la lentitud exasperante del paso de las mulas, que avanzaban por el arenal a no más de tres kilómetros por hora, cuando no las detenían los accidentes del terreno. Cuando su paciencia dijo basta, se apeó y caminó veinte kilómetros de un tirón hasta el puesto más cercano, que era la localidad de Arroyitos. Allí le vendieron un caballo ensillado para seguir viaje.

Tras una larga jornada por los campos agrestes del Chocón, desensilló, encendió fuego, y tras cocinarse un asadito se durmió profundamente. Al amanecer, lo esperaba una desagradable sorpresa; el caballo había vuelto a su querencia. No le quedó más remedio que esperar nuevamente la galera, y cuando esta llegó su malhumor no se calmó al oír al cochero contarle que había visto cómo se vendía ese caballo unas catorce veces, y que siempre dejaba de a pie a los jinetes. El único consuelo que le quedaba era la montura, ingrato recuerdo de la viveza criolla con la que empezaba a familiarizarse.

10

La Guerra

NO BIEN LLEGÓ DE REGRESO A CERRO de los Pinos, y de acuerdo con las resoluciones tomadas durante el viaje, Jacques comenzó a negociar con la Compañía Chile-Argentina la compra de la tierra que faltaba para completar la extensión definitiva de la estancia. A mediados de mayo se concretó el negocio, y los hermanos Larminat festejaron la adquisición de once mil hectáreas para completar los seis lotes del catastro al sur del río Chimehuín. Andrés, brújula en mano y contando sus pasos en la soledad patagónica, delimitó las quince mil hectáreas totales, y trazó un mapa tan perfecto que su tío Etienne lo hizo editar en la Sociedad Topográfica de París.

Los tres hermanos se sentían ya totalmente aquerenciados en estas tierras, no tan inhóspitas, en la que estaban dejando su marca. Entre las tradiciones que empezaban a observar estaba que todos los 25 de mayo llovía, lo cual no impedía los festejos patrióticos, y muchos menos el baile, en el que los criollos zapateaban aunque tuvieran el barro hasta la rodilla. En julio llegaba la nieve, y en septiembre las pariciones, y todos los trabajos que exigían las majadas. Las delicias de la primavera y la furia del viento los seguían sorprendiendo, y con dificultad iban logrando que crecieran algunos árboles, como escuálidos refugios cerca del caserío.

Los Liger, trabajadores incansables, se lucían sobre todo durante el verano, cuando había que mantener la huerta y los frutales, y además realizar la cosecha de trigo, duro trabajo que don Enrique Liger le enseñaba a sus patrones, a quienes aventajaba en conocimientos prácticos.

Durante el año 1912 se consolidó en la Argentina la reforma electoral impulsada por Roque Sáenz Peña, que dio el paso decisivo en la democratización del país al establecer el voto secreto y obligatorio. La opinión pública acogió con simpatía los proyectos de reforma electoral, y en las elecciones parlamentarias de abril de ese año se impuso la Unión Cívica Radical en la Capital y en la provincia de Santa Fe. Además, dos socialistas (Juan B. Justo y Alfredo Palacios) y dos independientes lograban bancas en el Congreso. El líder radical Hipólito Yrigoyen, que hasta entonces había venido predicando la abstención, debió reconocer la limpieza del nuevo método, que lo llevaría a la presidencia a él mismo poco después.

Buenos Aires crecía en habitantes y en obras. Se inauguraban las obras de la Diagonal Sur, y se autorizó a la compañía Lacroze a construir un subterráneo. En la campaña, en cambio, estallaba el conflicto. En junio de 1912 la penosa situación de muchos arrendatarios de campos, la mayoría inmigrantes, dio origen a una huelga recordada como "El Grito de Alcorta", que se extendió por las zonas cerealeras, especialmente en el sur de Santa Fe, el sudeste de Córdoba, el norte de Buenos Aires, Entre Ríos y La Pampa. Expresaba los conflictos que generaba la agricultura pampeana, en la que coexistían arrendatarios, jornaleros, comerciantes y terratenientes con intereses distintos y contradictorios. Después de un año de sequía y otro de caída en el precio del maíz, los arrendatarios, que pagaban precios altos por la tierra, no pudieron hacer frente a sus compromisos, lo que también afectó a los comerciantes, proveedores de insumos y bienes de consumo, y también el caudal de dinero que le adelantaban al arrendatario para pagar los gastos de la cosecha. El conflicto paralizó las actividades durante dos meses, lo que comenzó a afectar seriamente las exportaciones.

En un acto político que llenó a Jacques de esperanzas, Ezequiel Ramos Mexía, ministro de Obras Públicas de Sáenz Peña y defensor de la Patagonia y de su enorme potencial económico, destinó veinte millones de pesos (el veinte por ciento del presupuesto nacional) para el fomento del Sur, con la intención de prolongar los ferrocarriles transversales, proveer de agua potable a los pobladores de la Patagonia, regularizar los ríos, hacer embalses de riego, y puertos. La ley de fomento encerraba una auténtica política agraria y combatía el latifundio fiscal, favoreciendo la división y venta de las tierras del Estado. Mientras Ramos Mexía fue ministro los planes avanzaron. Pero chocaban con intereses privados, como los de los ingleses del Ferrocarril Sud, que veían con malos ojos la construcción de vías férreas estatales que podían competir con sus intereses. El ministro tuvo que soportar una campaña de acusaciones e interpelaciones parlamentarias, y renunció en julio de 1913. Cuando Victorino de la Plaza asumió la presidencia, en agosto de 1914, las actividades pioneras cesaron. El prestigioso geólogo Bayley Willys, que había hecho importantes trabajos para Ramos Mexía, dijo sobre la interpelación parlamentaria: "Ilustra claramente el conflicto entre lo que fue, lo que es, y lo que no debe ser: entre Ramos Mexía, representante de la clase gobernante inteligente, los políticos elegidos por las masas no inteligentes, y el Imperio Invisible del capital que extiende su control sobre ambos".

El régimen que había manejado el país prácticamente desde la caída de Rosas sesenta años atrás, se estaba resquebrajando, y las fuerzas políticas que lo conformaban no acertaron a formar un partido que los congregara. Más tarde, Jacques comentaría que creía que una causa de las crisis recurrentes que fueron minando la esperanza de la Argentina fue la imposibilidad de la derecha de agruparse en un partido que defendiera sus intereses e ideas, imposibilidad que fue muchas veces el germen de asonadas y golpes militares que impidieron una vida democrática continua.

Jacques y André de Larminat debían regresar a Francia para cumplir con el servicio militar, que por la virulencia creciente de las tendencias belicistas había sido extendido a tres años. Para hacer el viaje a Buenos Aires, cansados de los malos caminos y difíciles accesos, los hermanos decidieron probar las vías fluviales. Aprovechando una gran crecida del Chimehuín, se embarcaron en un bote, con pan, pollo cocido y un barril de chicha. Las lluvias habían sido tan intensas en aquel mes de mayo de 1913 que el primer día el bote se deslizó a gran velocidad, sin necesidad de utilizar los remos. Acamparon en una isla, y durante la noche la corriente subió tanto que levantó la pequeña embarcación hasta la cima de unos arbustos en donde quedó varada; cuando volvió a bajar el agua, les costó lograr que volviera a flotar. Cerca del paso de la balsa del Collón Cura, el cable que cruzaba de orilla a orilla azotaba peligrosamente el agua, y lo evitaron remando por los angostos brazos de la ribera sur, llena de juncales que los atascaban.

Tuvieron enormes dificultades para remontar el río. Por momentos la corriente los arrastraba a tal punto que atravesaron como flechas, apenas rozando el agua, un montecito de sauces que se inclinaban hacia ellos. Los obstáculos eran constantes: en la ribera occidental del Limay encallaron en un embudo de barro; en Piedra del Águila debieron superar un banco de arenas con rocas, que les dificultó enormemente el paso; en Picun Leufú el río se abría en múltiples brazos, y el fuerte viento del oeste los arrastraba a la orilla una y otra vez. Cuando la marcha se hacía rápida por acción de la corriente, temían por sus vidas. Sin duda se habían embarcado en una aventura peligrosa, y les parecía un milagro evitar un vuelco que despedazara el bote. El Limay no dejaba de depararles sorpresas. Atravesando una zona llamada Portal de los Rápidos, se formaron remolinos que hicieron girar el bote en todas direcciones; en el gran rápido del Traful faltó poco para que la embarcación se hiciera pedazos al chocar contra una gran piedra, y después la corriente los hizo correr vertiginosamente hasta depositarlos en una zona poco profunda en la cual encallaron.

Cansados de tantas incertidumbres, los hermanos decidieron retomar la ruta por tierra; vendieron el bote, junto con los restos de chicha, y caminaron por las vías del tren que se estaba construyendo entre Neuquén y Zapala con la esperanza de encontrar la locomotora que volvía a Neuquén. No la encontraron, y debieron completar el trayecto hasta la capital del territorio en un sulky, con una temperatura de ocho grados bajo cero. La punta de riel a Zapala se terminaría apenas un mes más tarde, en julio, y el primer tren llegaría un año más tarde. Pero para entonces el asesinato del archiduque Francisco Fernando y su esposa en Sarajevo ya habría desencadenado la Primera Guerra Mundial, que fue una de las más sangrientas de la historia, y los hermanos Larminat estarían participando en ella.

Jacques hizo una serie de diligencias en Buenos Aires, y se embarcó junto con su hermano para Francia, en donde apenas llegó se incorporó al ejército en el arma de caballería para cumplir con su obligación de servicio militar en un ambiente enrarecido por los movimientos de tropas y el tumulto previo a los comienzos de la conflagración mundial.

El mundo estaba yendo a la guerra "como quien se zambulle en lo desconocido". La Argentina se declaró neutral. El desorden planetario se había hecho incontrolable, y en 1914 los dirigentes de las potencias demostraron no tener una idea clara de las consecuencias de las decisiones que estaban tomando. La guerra, que se presumía corta, duró cuatro años, en los que murieron más de ocho millones de hombres.

Etienne, el hermano que había quedado en Cerro de los Pinos, recibió un telegrama de un amigo francés, Combemale, dándole la noticia: "Guerra declarada". La lacónica respuesta, típica de la personalidad de

Etienne fue: "¿Entre quiénes?" Pocos meses después, Etienne ya estaba en Francia también, alistado como sus hermanos.

Muchos fueron sorprendidos por la guerra, pese a las noticias que la venían anunciando desde hacía tiempo. La banca argentina estuvo entre los desprevenidos. Los países beligerantes habían dado órdenes secretas a sus bancos en el exterior de sacar todo el oro posible de los países que no tomaran precauciones contra esa eventualidad. Los atónitos argentinos se quedaron de un día para otro con sólo el papel moneda, sin el precioso oro que dificultosamente habían atesorado durante los años de bonanza. El vaciamiento entonces fue de veintiocho millones en metálico. El billete argentino bajó de inmediato un diez por ciento, y hubo una generalizada alza de precios. El entonces presidente Victorino de la Plaza prohibió el canje de billetes por oro, y decretó feriado bancario. Esto afectó duramente a los Larminat, ya que el Banco Francés del Río de la Plata retuvo sus depósitos hasta el final de la guerra, y les devolvió sólo una mínima porción.

Pese a la declaración de neutralidad, que al gobierno le costó trabajo mantener dadas las pasiones que despertaba la guerra en la población, compuesta entonces por una mayoría de inmigrantes europeos, el país defendía su derecho a proveer de materias primas a todas las naciones del mundo, fueran o no beligerantes. Ese derecho resultaba vital para una economía débil, que vivía exclusivamente de tales intercambios.

Jacques fue destinado a Reims, en el regimiento 22 de Dragones, la gallarda caballería creada por Napoleón en 1803, y dicho regimiento era especialmente prestigioso por sus proezas en Austerlitz, en Iena, en Moscú, en Solferino, y que en la Gran Guerra legitimaría sus laureles en el Havre, en el Yser, y en Saint Michel. El uniforme constaba de una magnífica coraza revestida en cobre y un casco del mismo metal con una cresta de crin roja.

De su experiencia Jacques dejó un testimonio muy vívido en su Diario de Guerra, narrado con agudeza y no sin rasgos de humor; es

Regimiento de Dragones

un relato basado en notas tomadas diariamente, y redactado años después, intercalando muy buenas acuarelas. La fe le daba un optimismo inquebrantable, y de éste provino el heroísmo.

En un primer momento Jacques fue destinado a tareas tan poco heroicas como la limpieza de los establos y el clásico *cabot patate* (pela-papas), pero a medida que se acercaba la guerra lo fueron entrando en el uso de la caballería y en especial de las cargas. Éstas se hacían con lentitud, al trote, y se reservaba el galope para los últimos metros; esto se debía a que era preciso mantener la alineación para que el choque final resultara más eficaz. Las cargas se repetían, en un largo movimiento de flujo y reflujo, entre diez y quince veces, lo que exigía un manejo muy experto de los caballos. En un primer momento, a partir de los ocho-cientos metros, se enfrentaba el tiro de la artillería de balas; luego, a partir de los cuatrocientos metros, la metralla, y más adelante la fusilada de la artillería. Todo esto evitando a los compañeros caídos, para finalmente lanzarse contra un muro de bayonetas. Si no caían ellos o sus caballos, y si no lograban romper los frentes o quedaban aislados, debían intentar replegarse hacia los costados para rearmar los escuadrones y repetir la carga. La caballería francesa había tenido gran prestigio en la historia: un siglo antes, Wellington había declarado después de Water-loo: "Señores, ¿acaso ignoran cuál es actualmente la mejor caballería de Europa? Es la caballería francesa. Después de soportar personalmente los efectos de su audacia y determinación, afirmo que no hay ninguna que la supere". Y Stendhal: "El coraje personal, su firme carácter, no permite la hipocresía. ¿Cómo puede un hombre ser hipócrita lanzán-dose contra un muro de hombres armados?". No fue casual que mi abuelo perteneciera a esta fuerza. Sin embargo, como se verá más ade-lante, la caballería ya había quedado obsoleta en 1914. Al término de la guerra, las numerosas distinciones obtenidas por su conducta le valie-ron la Legión de Honor, la Cruz de Guerra y la Medalla Militar.

El Diario de Guerra de Jacques empieza así: "A fines de julio anun-ciaron ejercicios de movilización y distribuyeron la junta de guerra, pero la guerra parecía imposible e improbable.

"La partida fue en medio de aclamaciones de la gente. ¡Vivan los dragones! ¡Abajo los alemanes! Los caballos, al salir luego de un largo reposo, se asustaron de los gritos, de los reflejos, y le sacaban chispas al pavimento. Partimos plenos de confianza, con una sensación de orden. Si el suboficial del pelotón Mestdagh era un tipo triste, borra-chín de modales dudosos, a quien los soldados con fortuna compraban sus favores, el teniente de Marin, calmo y frío, era muy querido. Con voz conmovida, prometió al pelotón un banquete inolvidable si pasá-bamos por su castillo, que estaba en la Lorena. El capitán Wallace, las piernas torcidas por un accidente a caballo, era un hombre notable por la justeza de sus previsiones y su sentido de la observación. Sus hombres estaban muy orgullosos de él. Creía mucho más en la efectividad de un tiro justo y rápido que en el arma blanca, y transfirió su punto de vista a la tropa. Así es que un día, en una práctica de tiro al blanco del regimiento, el escuadrón obtuvo un resultado fantástico. Después nos dimos cuenta de que uno de nosotros, impulsado por su celo, había multiplicado los agujeros del blanco perforándolo con un lápiz. El escuadrón conservó durante mucho tiempo el nombre de *escadron trou de balle*, el escuadrón del agujero de bala. En cuanto al coronel, era Robillot, tan admirado y querido por sus tropas que lo hubieran seguido hasta el infierno.

"Se iniciaron penosas marchas hacia Bélgica, que Alemania había invadido ignorando su neutralidad. Las etapas eran duras, y recorríamos hasta sesenta y cinco kilómetros al paso.

"En todos lados el recibimiento era el mismo, con entusiasmo y con los habitantes agolpándose por donde pasaban las tropas para ofrecer lo mejor, botellas de vino, dulces, tortas, medallas y escapularios que los hombres tomaban con tanto aprecio como las vituallas. En ciertos lugares las donaciones de todo tipo eran tan abundantes que nos debíamos organizar para recibirlas. En cada fila de cuatro, los dos jinetes exteriores se apeaban y tomaban todo lo que nos daban, y se lo pasaban a los dos dragones acopiadores del medio, que lo metían en sacos y mochilas.

"Las marchas se hacían cada vez más largas, y sólo nos deteníamos unas pocas horas. Los hombres sólo querían dormir, comer ya les importaba poco. Se sentía que el enemigo estaba cerca, había que ser prudentes, pero los hombres, agotados, morían de sueño. Cuanto más se avanzaba más se hacía sentir el deseo de dormir, que invadía a toda la tropa. Las marchas nocturnas eran una sucesión de estampidas y detenciones; los hombres se adormecían, y al no ver a nadie delante de ellos al despertarse partían al galope, arrastrando a los que iban detrás. A cincuenta metros alcanzaban la cabeza de la columna, se paraban en seco, toda la fila se encimaba y se curvaba rompiéndose la formación, para volver a partir nuevamente al galope poco después. En cada parada, por corta que fuera, los hombres se dejaban caer, para tumbarse aunque más no fuera un momento... y volvían a montar, dejando olvidadas las lanzas, que se perdían en cantidad. Algunos no se despertaban y quedaban allí sobre un montón de piedras, mientras sus caballos seguían la marcha".

De esos días Jacques guardó el recuerdo de una fatiga demoledora, y poco más: en su mente se confundían los días y las etapas. Recordaba que en el bosque de Luchy el pelotón llegó a las ocho de la noche a una gran casa de campo donde vivía con su hija un administrador de muy buenos modales, que bien podía pasar por el propietario. Le preguntó dónde podría conseguir algo de comer para él y sus hombres.

—Todavía la cena no está lista —fue la respuesta—, pero cuando esté servida les avisaremos.

Y media hora después hacía entrar a todo el pelotón al comedor, donde alrededor de una mesa lujosamente servida, con mantel blanco, platería y flores, había treinta y un lugares preparados. El anfitrión invitó al teniente a sentarse frente a él, con la joven hija a su derecha y un suboficial a la izquierda, mientras los dragones, estupefactos, tomaban sus lugares alrededor de la mesa.

En Flavion, el 15 de agosto, los dragones encontraron a la 3ª Brigada de Zapadores, y Jacques pudo abrazar a su hermano André, enganchado en este regimiento. No volverá a verlo, pues André fue abatido en combate poco después, en marzo de 1915. Tenía veintidós años, y murió a consecuencia de las heridas de bala. El informe que acompañó su condecoración póstuma dice: "André de Larminat, suboficial cuyo coraje y voluntad inspiraba la admiración de todos. Habiendo regresado voluntariamente al frente luego de una primera herida, fue alcanzado mortalmente por varias balas, cuando se lanzaba a la cabeza de su escuadrón, al asalto de las trincheras enemigas en Beauséjour".

Jacques empezaba a destacarse: en Saint Martien hubo un primer encuentro con alemanes que se reaprovisionaban, y Jacques encabezó una ofensiva que los obligó a abandonar su camión cargado de mercaderías, después de incendiarlo. El capitán Wallace lo felicitó y le prometió un informe elogioso para una condecoración. Pero no hubo tiempo pues se vieron obligados a una retirada precipitada. En Cambloux comenzaron los enfrentamientos serios, y allí los franceses se encontraban en inferioridad numérica, frente a una gran concentración de artillería alemana. Con gran decepción para los combatientes, llegó la orden de retirada. En esa etapa, que terminaría en Meaux, la fatiga llegó a ser extrema, y los aprovisionamientos se redujeron a nada; los numerosos cuerpos de guerra que habían pasado antes se habían ocupado de no dejar nada comestible a su paso.

"Afortunadamente hay manzanas y remolachas que masticamos para paliar el hambre. Los hombres se vuelven autómatas y se retroceden hasta ochenta kilómetros diarios, en caballos extenuados y muertos de sed. Muchos sangran del lomo porque pasan hasta cuatro días sin que los desensillen. Algunos tienen un olor infecto, y es preciso apartarse para desensillarlos, ya que las llagas son nauseabundas.

"Las noticias son incoherentes y contradictorias. El avance de los alemanes parece regido por un mecanismo de relojería. Por la mañana, obuses de calibre 77 empiezan a caer; después, hacia el mediodía, carga pesada; más hacia la tarde, contacto directo, y una andanada de fuego antes de replegarse por la noche. Nuestra artillería trabaja duramente. No dormimos jamás, la tropa está hirsuta, sólo la mitad montada, en caballos deformes, vestidos de cualquier manera, pero el orden y la moral son perfectos. Se ven muchos rezagados, con quienes se es indulgente si roban para comer o vestirse, pero no hay piedad para ellos si se emborrachan."

De esto último Jacques tuvo una prueba cuando, en una ocasión en que socorría a dos camaradas abandonados para que comieran con su pelotón, vio a un general a la puerta de un bistró, abatiendo fríamente con su revólver a los que salían ebrios.

"Los ingleses pelean bien cuando pelean. Pero llegada la hora del té, o entrada la noche, la guerra termina para ellos. Rompen filas sin avisar al vecino, y se dejan sorprender torpemente."

Un día el regimiento encontró una brigada de caballería inglesa que tomaba con gran bulla un baño en el río Oise, mientras sus caballos gordos y brillosos descansaban desensillados. Estos ingleses habían dado como excusa para su retroceso el agotamiento, que no era tal. Y tan bien provistos estaban que vendían buenos cuchillos por unos pocos francos, o regalaban como souvenir botones del uniforme. Cuando se marcharon, los franceses famélicos encontraron detrás de unas parvas de heno latas de corned beef y jamones que los británicos habían abandonado.

Del enemigo nunca se sabía con certeza la posición, y al verlo no se lo reconocía fácilmente. La división en la que combatía Jacques estaba rodeada de tropas británicas y argelinas que usaban en sus uniformes colores poco vistosos, además de polvorientos y descoloridos por el sol, lo que los igualaba con los alemanes. Al contrario, Jacques vestía todavía el vistoso uniforme de los dragones que constituía un blanco fácil para el enemigo.

El 1° de septiembre se libró la batalla de Verberie: la artillería de la división, respaldada por la caballería, atacó al enemigo durante todo el día. La batería Belle perdió cuatro piezas. Por la tarde el escuadrón se retiró bajo fuego graneado, llevándose los heridos. Anota Jacques: "Hemos retrocedido aun más. La lectura de los carteles, 'París 62 kilómetros', 'París 50 kilómetros', 'París 45 kilómetros' nos provoca tristes reflexiones. Estamos inquietos, pero sin perder las esperanzas. Nos preocupa ver las tropas desbandadas, sin jefe, entregadas al pillaje".

Cerca de Chauconin atravesaron campos cubiertos de tiradores marroquíes; en ninguna otra parte vio tantos cadáveres juntos, alineados a lo largo de la vía del ferrocarril. Todos tenían sus fusiles quebrados en dos: ¡estaban entrenados para romper sus armas antes de morir, de modo que no las pudiera usar el enemigo!

Con su ácido sentido del humor, Jacques transcribe un diálogo que pinta la situación de la caballería:

"—¿A que no sabes lo que acaba de preguntar el Cuartel General? —me dice De Neuville—. El estado de los caballos que aún pueden marchar.

"—¿En serio?

"—Sí, mi viejo. El capitán respondió que había tres que podían trotar por tres días más: Esmeralda, Gayac y Desdeo. Los otros sólo pueden hacer al paso etapas estrictamente medidas.

"—Exageras un poco. Esos caballos necesitan quince días por lo menos para poder ponerse de pie."

Y comenta: "La fatiga es extrema, los efectivos están esqueléticos, el racionamiento falta a veces y comemos remolachas. Los soldados, y hasta los oficiales, están lamentablemente harapientos; se ven codos y rodillas. Pero lo que domina en los recuerdos es el interminable pasaje de hordas del norte huyendo delante del invasor. Las rutas y los campos están obstaculizados, gente atontada y abrumada por la desgracia, cargada de niños, y con enormes bultos con sus cosas, procesiones de cochecitos de bebés, muchos viejos, todos famélicos, la mirada huraña, huyendo hacia adelante, sin mirar. Las mujeres dan de mamar en medio del campo, falta leche para los niños, hay que atropellar en las rutas para pasar. En Estoires, los panaderos dicen que en un solo día fueron ciento noventa mil personas a pedir pan. ¿Cómo hicieron para contarlos?".

En octubre, durante los violentos combates en Vieille Chapelle y La Couture, Jacques recibió un balazo y cayó; quiso ponerse de pie, pero sentía la pierna floja y pesada. Sus camaradas lo ayudaron a retirarse. Había recibido tres balas, una de las cuales le había atravesado el muslo y había quedado alojada en la pantorrilla. Una ambulancia lo transportó al hospital de Béthune, pero al llegar al pavimento del pueblo, con el pretexto de una misión urgente, lo bajaron y lo dejaron en la calle. En un carro de remolachas hizo el último tramo, de lo que guardó un recuerdo doloroso. En el hospital las monjas lo curaron, lo lavaron, y le dieron una cama con sábanas de verdad. Jacques se durmió profundamente hacia las diez de la noche, y a las cuatro de la tarde del día siguiente debieron sacudirlo para que se despertara.

—¿Qué? ¿Qué pasa? —preguntó adormecido.

—¿Quiere partir? Hay un tren...

—Un tren. Ah, bueno... sabe, en realidad no tengo apuro, y dormiría un poco más...

—Pero es que empiezan a bombardear Béthune. Quién sabe si habrá trenes después de éste.

—¡*Diable*! —exclamó Jacques, despertándose de golpe—. Entonces no hay que dudar.

El viaje fue largo y penoso, setenta y dos horas en vagones de carga para recorrer un tramo corto. En una parada, un equipo de médicos pasó dejando a Jacques ridiculizado con un enorme cartel rojo que decía: "Aplicar suero antitetánico de urgencia", pero lo reembarcaron sin aplicárselo, porque el suero se había terminado. En los suburbios de París la línea estaba en mal estado, y las sacudidas produjeron sufrimientos atroces en los heridos. Por fin, el 15 de octubre, llegó al Hospital Complementario 19, lujosamente instalado en el Hotel Regina. Fue el primer herido al que ingresaron en una camilla, y todas las enfermeras se atareaban a su alrededor.

Las heridas sanaron pero la bala seguía alojada en la pantorrilla. Jacques quería ir a hacerse operar a Blois, y terminar su convalecencia en el Anexo 1, que no era otro que La Hardonnière, pero los reglamentos eran estrictos en su prohibición de cambiar heridos de región, y sobre todo enviarlos con su familia. Pero su obstinación venció al fin, con ayuda de los médicos, y a pesar de la hinchazón en la pierna hizo un largo peregrinaje hasta Blois, donde lo operaron dos veces, y al fin, el 23 de diciembre, todavía muy rengo, partió hacia La Hardonnière, donde pudo celebrar la Navidad en familia, y pasar luego seis excelentes semanas de recuperación.

El año que se iniciaba impondría la característica más saliente de esa guerra: las trincheras, con el consiguiente estancamiento. Quienes habían confiado en que sería un conflicto breve, reconocían su error. El entusiasmo inicial se había apagado, para dejar paso al desgano, la rebeldía, las deserciones, y el desaliento generalizado. Durante ese año Italia declaró la guerra a Austria, Hungría y Alemania, con lo que se abrió un nuevo frente en los Alpes. Los frentes de lucha se estabilizaron y la guerra no progresó para ninguno de los dos bandos. Era la *drôle de guerre*, la guerra extraña...

"Cuando volví al frente, en febrero de 1915", cuenta Jacques, "la guerra había cambiado mucho: eran las trincheras. Durante cuatro años montaríamos guardia. Felizmente no lo sabíamos, y siempre esperábamos que al llegar la primavera perforaríamos el muro y nos lanzaríamos por la brecha, en carga irresistible. Vivíamos a la espera de ese momento, 'la hora de la caballería'. Cinco veces al mes creíamos a punto de sonar esa hora, cinco veces nos tenía a todos expectantes, creyéndonos a punto de iniciar la batalla, listos a lanzarnos... y cinco veces debíamos, tristes y decepcionados, retomar con los caballos el camino de la retirada. Pese a la violencia de los choques, el muro no cedía."

Ansioso por ver las famosas trincheras, Jacques rechazó la posibilidad de ser ascendido al grado de sargento y permanecer con el regimiento acantonado en la retaguardia; partió a principios de marzo junto a su hermano Bernard como suboficial de trincheras.

(Bernard y Robert, menores que Jacques, se habían enrolado como voluntarios, también en la caballería. Hicieron toda la guerra junto a su hermano mayor, y los llamaban "los Patagones".)

"Nuestro sector estaba en Rivière, algunos kilómetros al sur de Arras. El casco, sin la cimera y la crin, demasiado visibles, nos hacía una cabeza muy redonda, con un efecto muy gracioso. Los de infantería, mal protegidos por el kepi, nos lo envidiaban. Entrar a las trincheras fue como entrar en la noche. Eran sepulturas. Chapoteábamos interminablemente en un barro pegajoso, entre dos paredes frías y viscosas, a través de un laberinto de redes y pasadizos estrechos que se cruzaban en todos los sentidos, de tramos de trincheras mal coordinados, sin carteles, donde nos perdíamos invariablemente por desembocar en una enramada en la que nos atascábamos, sintiendo la presión de la gran fila de la columna. Recuerdo al pequeño subteniente, un novato recién llegado, empantanado en el barro, sin salida, furibundo y desmoralizado, que fue muy mal recibido cuando, cerca de las diez de la mañana, llegó a relevar a la gente que lo esperaba desde la medianoche.

"Como refugio teníamos nichos individuales cavados en el talud, donde apenas cabíamos de cuerpo entero. Sentados con la nariz pegada contra la pared de arcilla, amarillenta y pegajosa, nos sobraba el tiempo para medir nuestra decepción... ¡Ni un tiro de fusil! ¡Viva la primavera y la guerra a caballo! Cuando nos arriesgábamos sobre el parapeto para respirar, no se veía más que la inmensa planicie, triste y desnuda, donde, según nos decían, los alemanes estaban atrincherados igual que nosotros, a ochocientos metros de distancia; y había que quedarse largo rato con la silueta contra el cielo, para escuchar un disparo de bala aislado, que nos invitaba a volver bajo tierra.

"Ya la guerra nos parecía larga y monótona, y el Cuartel General se daba cuenta y trataba de levantarnos la moral de cualquier modo. Un día Bernard y yo nos cruzamos, en la calle de un pueblo, con el capitán Perèz, del Estado Mayor, que nos dijo: 'Acabo de leer en el *Écho* de París que ha muerto un Larminat a causa de heridas. ¿Es un pariente cercano?' Nos miramos con angustia. Sabíamos que a André lo habían llevado herido a París, pero nos había escrito papá diciendo que se curaba. Una nueva carta nos confirmó esta gran desgracia."

La caballería avanzaba y retrocedía, se anunciaban grandes ataques que quedaban en la nada; las únicas novedades eran los constantes traslados a los que los sometían. Los mejores jefes se habían marchado, reinaba la apatía, y la caballería, con su fama de ser la mejor de Francia y de Europa, estaba siendo desmantelada poco a poco en favor de la infantería. "Entonces, para disminuir la gran visibilidad de los caballos blancos, nos llegó la orden de pasarles permanganato. En el primer galope, el sudor marcó con canales verdosos el pelo ya bastante poco atractivo; el efecto visual era revulsivo."

"Acantonados en los bosques de Bouvigny, voluntarios enseñaban el uso de las granadas, que eran una novedad. Yo me consolaba de no haberlas probado, ya que a los que volvían de hacerlo los veía desilusionados: contaban cómo un perro podía correr ladrando atrás de una granada lanzada por el aire, y verla explotar bajo su nariz sin recibir mucho daño. Uno dijo: 'Esta cosa sólo es un peligro para el que la está usando'. Y había que reconocer que eran primitivas. Los alemanes habían comenzado a usar gases, y para protegernos nos distribuían saquitos muy sucios con unas inmundas bolas de fibra grisácea embebidas en hiposulfuro. En caso de alerta, debíamos apretarlas con los dientes.

"Desde que entramos en los bosques de Bouvigny veíamos el suelo revuelto por los ataques recientes: fosas entre árboles raquíticos, cadáveres por todos lados, desenterrados por los obuses o aún sin enterrar. Bajamos hasta el final del Éperon por pasadizos en zigzag demasiado estrechos, de tres o cuatro metros de profundidad. Había que ir rápido porque los alemanes hacían fuego constantemente. Al fin llegamos a sesenta u ochenta metros del enemigo, en una trinchera que estaba interrumpida por un simple muro y se volvía alemana del otro lado. Los granaderos de cada ejército estaban separados sólo por algunas bolsas de tierra.

"Pasamos dos días en un silencio absoluto, sin víveres ni agua, detrás de nuestras bolsas de tierra, en una noche perpetua. Ni siquiera podíamos pararnos en la muralla porque allí estaban los fusiles alemanes, apoyados sobre caballetes, apuntándonos. Así un hombre recibió un balazo en la cabeza, y debimos enterrarlo en el fondo de la trinchera porque toda otra comunicación con el exterior estaba vedada, salvo los relevos y la evacuación de los heridos. Con dificultad logré permiso para mandar a buscar un bidón de agua para mi sección, porque la sed se hacía sentir terriblemente en esos días de verano. El hombre enviado tuvo la mala suerte de encontrarse con un pequeño subteniente que fríamente se bebió las tres cuartas partes del bidón.

"Por todas partes asomaban de la tierra manos y pies de cadáveres, en los que nos enganchábamos. Si cavábamos, la pala encontraba cuerpos llenos de gusanos, con un olor infecto. Teníamos sed y sueño. Apenas unas bolsas de tierra nos separaban de los alemanes, que estaban cuerpo a tierra en un reducto camuflado por hojas, tan cerca que teníamos la fantasía de hacer duelos con granadas. Los disparos de fusil eran incesantes a diestra y siniestra, aunque no sobre nosotros; la artillería trabajaba incesantemente. Se oían disparos de todo calibre, estruendo y fragor, y de noche se veían los increíbles fuegos artificiales de los cañones."

Durante la batalla de Champagne, entrado el otoño, los dragones creyeron que al fin había llegado la hora de la caballería. Después del encierro de las trincheras, Jacques sentía el placer de galopar entre el oro de los álamos; pero llegada la hora del ataque en el bosque de Guillaume, fue imposible abandonar las trincheras por el intenso fuego de la infantería alemana. En un intento de avance, los franceses sufrieron enormes pérdidas a causa de las ametralladoras; al fin los dragones fueron evacuados hacia el norte, al sector de Prosnes, y Jacques anota con amargura: "La caballería está muerta para siempre".

En efecto, la caballería se había vuelto anacrónica. La guerra se libraba en ese momento sobre todo entre aviones, pequeños triángulos negros en el cielo perseguidos por las estelas blancas de los shrapnells. En el frente, los alemanes encontraron vientos favorables para lanzar sus gases, y no se privaron de usarlos. Salieron a relucir todos los materiales antigás: botellas de hiposulfito, pitos de alarma, pulverizadores Vermorel, pancartas de instrucción. "Pero todas las nubes de gas pasaron a nuestra derecha, ya que las trincheras estaban demasiado cerca de las alemanas. En esos días, gozábamos otra vez de los maravillosos fuegos artificiales de los fusiles de alarma."

En el crudo invierno de 1916 los alemanes se decidieron por una guerra de desgaste, y lanzaron una tremenda ofensiva sobre Verdún, llave de las defensas francesas bajo el mando de Pétain, y durante semanas eso fue un infierno que si bien no logró quebrar el frente, dejó ochocientos mil muertos. En junio comenzó la batalla del Somme, que duró más de cinco meses y costó la vida de un millón de soldados. Tal fue el precio que se cobraron esas dos batallas, proezas militares y tragedias humanas. Los franceses habían rechazado al enemigo y recobrado casi todas las posiciones del principio de la guerra. Las enormes pérdidas que sufrieron los alemanes los llevaron a remplazar a los combatientes expertos por levas juveniles.

"Como un pulpo con tentáculos, las líneas y trincheras, de dos a tres metros de profundidad, se multiplicaban; estaban las primeras, las segundas y las terceras, las líneas de soporte y las de reserva. En una palabra: en el frente de combate, una franja de veinte kilómetros estaba devastada.

"Se me ordenó quedarme durante cuarenta y cinco días en el sector de La Source, a tres kilómetros del frente, para poner al día todos los planos y mapas que hicieran falta en ese sector; además debía ocuparme de todas las conexiones y reseñas. Me pasaba la mitad del día midiendo las trincheras, anotando los errores, soltando palomas men-

183

sajeras, enviando correos, señales ópticas, y la otra mitad del día calcando lindísimos mapas a color, que fascinaban a mi coronel. El sector era inmenso, y el sol pegaba fuerte. Por tener continuamente los pies a la sombra y la cabeza al sol, y además delante de mis ojos una pared blanca brillante marcada por piedras negras, y que se terminaba hacia arriba en enredaderas y amapolas, me sobrevino una oftalmia de verano bastante terrible. Después de haber hecho setenta y dos mapas multicolores y una cantidad fantástica de kilómetros a dos metros y medio bajo tierra, supe que mis hermanos partían con licencia de descanso, y obtuve, con algunas dificultades por parte del coronel, el permiso de ir con ellos.

"Ya de regreso, los días, los meses, pasaban sin que nada cambiara la monotonía de ese sector demasiado tranquilo. Pasamos del barro blanco al barro negro, de la ceguera del yeso asoleando las trincheras a la polvareda de las rutas de Tours-sur-Marne; nos preguntábamos con terror si realmente esta vida lamentable terminaría alguna vez. Ya no era guerra: no peleábamos contra nadie, sólo montábamos guardia frente al desierto.

"Por suerte, al poco tiempo partimos a las trincheras del Bosque de Parroy, encabezando una cincuentena de hombres junto a Bernard y Robert. La guerra no era visible salvo por unos pequeños fortines que, en lugar de estar cavados bajo tierra, eran en relieve, y por trincheras a nivel del suelo, bordeadas por muros de tierra. Las líneas aún no se habían fijado, y sabíamos que nuestras patrullas cruzaban el frente alemán, y viceversa. ¿Dónde estaba el enemigo? Delante de nosotros se extendía una llanura baja y anegadiza, que descendía hasta un pequeño riacho, el Sanon, donde seguramente estaban los alemanes. Todas las tardes uno de nosotros, acompañado por dos hombres, partía cuerpo a tierra a cruzar las alambradas. La llanura era muy húmeda; nos deslizábamos en el barro, entre la hierba, siempre alertas y listos a cada paso a toparnos con los alemanes. En esas oca-

El saldo de un combate

siones recordábamos las historias que se contaban acerca de perros feroces y silenciosos que acompañaban a las patrullas enemigas, de las granadas que estallaban en las narices si tocábamos los alambres que las sujetaban. Más que guerra, era una cacería.

"Una noche, partimos Bernard y yo con tres voluntarios, Kerling, Provost y el brigadier Moulin. El tiempo era espantoso, la noche tan oscura que no se veía ni a un metro, y de tanto en tanto cruzaba el cielo un relámpago. Atravesamos el río Sanon y con Kerling nos apostamos contra el pilar derecho del puente. Del otro costado, Bernard se ubicó detrás del pilar izquierdo, mientras Provost y Moulin se aplastaban contra el talud del camino. Las horas pasaban en silencio. Poco a poco, la atención empezó a debilitarse. Tres veces Provost debió despertar a Moulin. Yo también sentía que se me cerraban los ojos. Pensé en cruzar al otro lado para charlar con Bernard y despabilarme, cuando de pronto, a un metro sobre el puente, vi destacarse

185

entre las tinieblas una silueta que sin ruido bordeaba el lado derecho. Me adelanté un paso y no pude dudarlo: era un patrullero alemán. Pasó a medio metro de mí sin verme...

"Pero otro lo seguía, y otros: cinco o seis, en puntas de pie. El octavo me había visto, podría haberlo jurado. Seguramente un reflejo en mis anteojos. ¡Y me lanzó un bayonetazo con su fusil! Pero yo me lo esperaba, y lo tomé de la mano izquierda al tiempo que descargaba mi revólver sobre su vientre. ¿Lo habré matado? En todo caso, el alemán se desplomó con gran estrépito, soltando el fusil. Fue la señal del combate.

"Bernard, por su parte, tendido en el puente como un perro al acecho, los había visto venir: nueve grandes bultos silenciosos. Un relámpago le permitió ver sus impermeables rojos: eran los bávaros, algunos armados con fusiles y bayonetas, otros con revólveres, los pies seguramente calzados con zapatos que les daban un andar mullido. Los dejó avanzar, esperando mi señal, mientras que por mi parte yo dudaba en atacar a una tropa de la que ignoraba la importancia. El instinto de defensa precipitó las cosas: con el disparo de su revólver, Bernard abatió a uno que se inclinaba sobre el pilar de piedra. A su vez Bernard recibió un golpe en el brazo izquierdo, de lo que creyó que era una bala; el alemán que le había disparado se lanzó sobre él, pero Provost le saltó por detrás y tras una breve lucha le hundió el cuchillo en la espalda; Provost, hombre simple, nunca tuvo confianza en su revólver. Mientras tanto (todo sucedía al mismo tiempo, y el combate entero no duró más que segundos) Kerling, un bretón, disparó tranquilamente las seis balas de su revólver y vio caer por lo menos dos alemanes más. En cuanto a Moulin, fue embestido por un alemán enorme que le rodeó todo el cuerpo con un brazo; rodaron por el talud; por suerte Moulin quedó encima y le voló la cabeza de un tiro.

"Ni una palabra intercambiada, sólo una veintena de disparos. Temiendo la proximidad de las líneas alemanas, di la orden de retirada. Dejamos al menos seis enemigos caídos.

"Bernard, que perdía mucha sangre, me aseguró que podía caminar solo, pero tenía prisa por llegar, y temblaba de debilidad. Yo cerraba la marcha, un poco preocupado por Provost, que faltaba. Dejé a Bernard al cuidado de Robert y volví al sitio del combate con dos nuevos voluntarios para buscar a mi hombre.

"Las nubes se habían disipado, la noche estaba menos oscura. Nos deslizábamos entre el barro al borde de la ruta, debajo del talud; de ese modo veíamos las siluetas de los árboles del camino. En lo alto del talud, tres siluetas achaparradas, que parecían manzanos, se balanceaban extrañamente... De pronto una de ellas se enderezó y movió un objeto delgado que parecía un fusil...

"Salté hacia adelante gritando 'Retirada' y corrí como una liebre. El puente estaba vigilado y no había nada que hacer. Afortunadamente, Provost había vuelto por el lado del bosque. Durante la pelea había dado tantos giros que se desorientó y era por eso que había tardado en regresar.

"A la mañana siguiente el coronel Secrettand vino a felicitarnos, y la historia hizo mucho ruido en la división. Bernard, que había recibido un bayonetazo muy profundo, estuvo tres semanas en el Hospital de Saint-Nicolas-du Port y partió curado a La Hardonnière para una convalecencia de ocho días. A su regreso, el coronel Secrettand nos condecoró con la Cruz de Guerra a cada uno de los tres hermanos."

A fines de octubre surgió la posibilidad de ingresar a la "artillería de asalto", es decir los tanques, y Jacques se apuró a inscribirse, ansioso como siempre de probar cosas nuevas; no fue fácil pues había muchos postulantes, pero a fuerza de insistencia lo logró. No obstante, antes de ingresar al cuerpo de tanques hubo un episodio que relata en su diario, con su habitual tono irónico:

"En noviembre me llamaron desde las oficinas del regimiento: ya me veía dentro de un tanque, pero sólo se trataba de ir en camión a

Regimiento de tanques Renault

Nancy a recibir de Su Alteza Real el Príncipe de Connaugh la 'British Military Medal', que gané, según parece, haciéndome herir en una contienda junto a los ingleses en Vieille-Chapelle. La ceremonia fue burlesca. Me enseñaron la lección: había que decir 'Gracias, Señor' o 'Agradezco a Su Alteza Real'. El príncipe, que caminaba cojeando, también había tratado de aprender sus frases. Llegado mi turno, me dijo:

"—*Ah! Je souis très content de...*

"—*Merci, Monseigneur.*

"—*Ah! You! I say: je souis for heureuse de...*

"—*Je remercie votre Altesse Royale.*

"—*Oh! Dam it!*

188

"Y me enganchó en el pecho una enorme medalla justo debajo de mi charretera."

Dos días después Jacques partía al Fuerte de Rupt, encantado de su nuevo destino. Fue en el Somme donde aparecieron por primera vez los tanques, unos carros blindados que se arrastraban sobre orugas y que podían pasar por encima de alambradas, trincheras y otros obstáculos. En el Somme los tanques tuvieron escasa importancia, pero en las campañas del año siguiente, 1917, su participación fue decisiva.

"En el Fuerte de Rupt había una mezcla de oficiales y suboficiales de todas las armas, todos voluntarios, que habían venido con la esperanza de hacer la guerra con un método novedoso y asombroso.

"Los cursos eran rápidos y bien organizados. Un día llegó el general Estienne, el pontífice que conocía todos los misterios del Ejército, y nos abordó:

"—A ver usted, mi amigo, ¿viene de la infantería? Muy bien. ¿Tres heridas? Muy bien. ¿Cuántas veces ha estado bajo el fuego enemigo?

"—Siete veces.

"—Bueno, quizás pueda funcionar. Cuento con usted.

"Al final nos dice:

"—Ya saben, si no creen poder hacerlo, váyanse cuanto antes. No lo tomaré como una traición; sólo quiero voluntarios. Pero dentro de un mes, será tarde para irse."

Al fin llegaron los tanques, dieciséis Schneider, y el 7 de marzo partieron hacia Champlieu; les costó hacer despegar las orugas del suelo helado.

"Era de noche; el trayecto por el bosque fue un poema. Los *zinzins* (los tanques) que todavía no sabíamos manejar de día, de noche los chocábamos contra los árboles, y llegaron en muy mal estado a las barracas que nos habían asignado.

"Formábamos parte de una inmensa cadena de las barracas Adrian, que ocupaban un semicírculo de dos leguas de largo a la orilla del bosque. Ya había nueve grupos. Todos los días llegaban más, y era la reunión más increíble que se pueda imaginar, ya que los oficiales conservaban sus uniformes, y había de todo: aviadores, marinos, artilleros, zapadores, infantería francesa y argelina, dragones, tiradores, cazadores de a pie, de a caballo, de África, de los Alpes, ¡y hasta un capitán negro! Todo lo cual llevaba al jolgorio; se mandaban invitaciones de grupo a grupo, jugábamos al tenis, era una vida de vacaciones.

"En cierto momento comenzaron las prácticas, que se realizaron en la llanura y en el bosque; debíamos seguir reglamentaciones tan precisas que resultaba obvio que eran pura teoría. Los tanques Schneider tenían tres defectos: se veía muy mal por la estrecha ranura de los visores, y cuando los alemanes aprendieron a tirar sobre esas ranuras, se volvieron del todo inútiles. Los ventiladores estaban mal puestos, el calor interior subía hasta más de cincuenta y cinco grados, y a esa temperatura el aire se saturaba de vahos de nafta. Por último, los tanques de nafta, de chapa muy delgada, estaban ubicados adentro, delante de las piernas de los pilotos, y explotaban con el primer obús, llevando a sus ocupantes a una muerte horrorosa. Esto se solucionó ubicando los tanques en el exterior y detrás, dentro de dos baúles blindados y guarnecidos internamente, con tan buenos resultados que los obuses podían atravesar las reservas de combustible sin hacerlo explotar. Se modificó también la dirección de la entrada del aire en los ventiladores. Sólo la visibilidad siguió siendo pobre, y fue muy poco a poco que nos dieron periscopios. Los blindajes eran notables por su espesor, sólo algunas balas perforantes lograban atravesar el acero, y en los lugares frontales más expuestos se les agregaron placas extra.

"El tiempo pasaba lentamente, mientras maniobrábamos sin tregua sobre la llanura, toda surcada de trincheras. Recibimos toda clase de visitas, cada vez más numerosas, y hubo regimientos enteros que terminaron haciendo maniobras con nosotros. Recibimos a toda la infantería de línea, cazadores de a pie, argelinos, senegaleses. Pero llegó el momento en que el consumo de nafta era tan exorbitante que los oficiales tuvieron la idea ridícula de hacernos representar a los tanques a pie sobre el terreno, cada uno en su lugar, ¡y haciendo los gestos que haría dentro del aparato! Lo único que faltaba a esta comedia era que los cañoneros gritaran ¡bum! a cada explosión imaginaria, y que los ametralladoristas agitaran una matraca.

"Otra manía de los altos mandos era la 'gimnasia Hébert', que debíamos practicar casi desnudos al alba: lamentable exhibición, en posiciones grotescas, de cráneos calvos y vientres añejos. La lentitud en la entrega del material nos obligaba a llenar el tiempo con estos ejercicios, o con otras distracciones: hacíamos jardinería y huerta, criábamos chanchos, pollos, conejos, leíamos el Boletín de la Armada, jugábamos al tenis, y hasta organizábamos torneos. De vez en cuando había representaciones en el teatro romano: la acústica de este gran anfiteatro con gradas de césped era excelente.

"Para pasar el tiempo, los oficiales del grupo insertaron en la revista *Vida Parisina* un pedido de madrinas. ¡Era la gran moda! En pocos días llegaron ciento diez respuestas, en papeles azules, rosa, con iniciales, de todos los formatos, algunas con fotografías, algunas sinceras y conmovedoras, la mayoría pretenciosas, emanando violentos perfumes. Después empezaron a llegar de países de ultramar: dos de Argelia, una de las Antillas, una de Sudán, una de Madagascar. Cada uno elegía las que quería responder. Un amigo, Renaudière, escogió al menos siete y se dedicó a una correspondencia desenfrenada, con el fin de elegir una. Al cabo de un mes me dijo: —¡Ya está! Ya la encontré: es Violeta. ¡Le he pedido una cita! Fíjate lo que me escribe este pequeño ángel —y me hizo leer interminables frases enrevesadas y ampulosas, para concluir: —Debe de ser encantadora, esta pequeñita —y enfiló para París.

191

"Al día siguiente estaba de regreso, con el alma en los pies: una vieja platuda y ajada lo esperaba en la estación, y se lanzó a sus brazos poniendo en blanco los ojos apagados. ¡Era Violeta! —Pensarás que salí corriendo. Pues no. Para no quedar mal, le pagué una cerveza en el bar."

El año 1917 terminó con una novedad de proporciones: la revolución rusa, por la que tomaron el poder los bolcheviques. En los primeros meses de 1918, los alemanes lanzaron una gran ofensiva en territorio francés, y lograron penetrar sesenta kilómetros en la línea de trincheras. Por la noche, los aviones bombardeaban Compiègne y París. El 21 de marzo, con una fenomenal lluvia de disparos de cuatro mil piezas de artillería, se inició una batalla que duraría siete meses. Las derrotas de los ingleses en Ypres y de los franceses en Chemin des Dames permitieron que las tropas alemanas llegaran a sesenta y cinco kilómetros de París. Pero el desesperado contraataque aliado en Compiègne logró frenar la ofensiva, y poco después entrarían en la guerra los Estados Unidos, lo que fue decisivo para el resultado final de la contienda. Santiago relata esos días:

"Por las rutas se repetía el desfile lamentable de 1914. Pueblos enteros huyendo por segunda vez delante de los alemanes. Tuvieron el tiempo justo para reparar los estragos, y huir nuevamente. Tenían un aspecto huraño y descorazonado, errantes, sin abrigo, abrumados por sus atados de ropa, y cargados de niños. Nosotros recogimos algunos extenuados.

"El 11 de junio de 1918 recibimos la orden de atacar Méry. En un orden perfecto, cada batería avanzaba con tres tanques alineados, uno en la retaguardia, y su infantería en pequeñas columnas cincuenta metros atrás. Ni un cañonazo, ni un avión, ni una bala: evidentemente el enemigo no esperaba un ataque, y la sorpresa fue completa."

De repente, los franceses abrieron el fuego y continuaron el avance entre tiros de cañón y de ametralladora, tratando de ganar terreno antes de la reacción, que no se hizo esperar. Un obús estalló sobre el lado derecho del tanque que comandaba Jacques, desfondando el blindaje y haciendo saltar la pesada cúpula de las ametralladoras, causando pánico en el interior.

Los mecánicos de cada grupo seguían a pie a los tanques a poca distancia, con la misión de hacer las reparaciones necesarias; a los pocos minutos del impacto llegó el mecánico que les correspondía, Tyrel du Poix, un hombrón enorme de barba prolijamente recortada, que inició bajo las balas un trabajo difícil por el hundimiento del blindaje, pero que realizó con tanta tranquilidad como si estuviera reparando un auto en una avenida de París.

"De pronto escuchamos gritos: '¡Alemanes contraatacan!', y de todos los costados empezó a afluir la infantería en gran desorden. Miré a Poix: con una llave inglesa en la mano, seguía trabajando apaciblemente. ¿Qué hacer en medio de la retirada? Me metí en el tanque de Remaudière y lo encontré lleno de gente que había considerado prudente refugiarse ahí. Los expulsé, conservé los tres asistentes necesarios, e inicié la marcha para alcanzar a los otros tanques. Pero en ese momento una ametralladora demasiado cercana me roció con balas en los anteojos, que se rompieron, en los pómulos, en el cuello, y una que me atravesó el costado de la nariz. Cegado por la sangre, le dije al capitán Lévèque: —Tengo la impresión de ir en la dirección correcta, pero no veo. Diríjame con su periscopio. —¡Bien! —me respondió, y enseguida gritó—: ¡Marcha al frente, tercera velocidad! —no comprendía nada, pero obedecí. Pensé que debía de haber un nuevo contraataque. Lévèque me dirigía a mis espaldas. Seguimos doscientos o trescientos metros, hasta que me gritó: —¡Alto! —me preparé para disparar. Pero no se oía nada. Me di vuelta: —¿Y? ¿Nadie tira? ¿Dónde está el capitán? —Oh, el capitán volvió a su refugio. —¿Dónde estamos? —Al costado de su tanque averiado. ¡Oh, pero usted está malherido, mi lugarteniente! —en efecto, yo estaba cubierto de sangre, que hasta había llenado mi máscara de gas, colgada del cuello, que desbordaba. Sin anteojos, no veía nada. Furioso contra Lévèque, salí al encuentro del admirable Poix, que seguía su arreglo, imperturbable, bajo una lluvia de balas y explosiones de obuses cada vez más densa. Me recibió irritado:

"—Hiciste un desastre avanzando de repente, como un loco. ¡Yo ya casi había terminado, y tú chocas el tanque! Ahora, a hacer todo de vuelta, y no sé si podré.

"—Ah, viejo, lo siento de veras. Sentí un choque, pero creí que no era gran cosa.

"—Ya está —dijo Poix calmándose de golpe—. Detuviste en seco en el contraataque de los alemanes. Pero sangras como un buey, parece grave.

"—No, es superficial. Voy a cambiarme los anteojos. ¿Dónde está el cerdo de Lévèque?

"—Ése es su refugio, y seguramente estará allí.

"En efecto, allí estaba, con el capitán de la compañía que encabezaba las tropas de ataque."

La batalla fue cruenta. Los aviadores norteamericanos, confundiendo los tanques franceses con los alemanes, disparaban sin cesar. En el relato de Jacques se alternan las escenas de heroísmo y de tragedia; presenció la muerte de muchos compañeros, mientras veía a otros caer prisioneros, y la mayoría, como él mismo, quedaban heridos. Con todo, lograron recuperar Méry. Al mes siguiente, Jacques recibió una condecoración por esta acción.

Las tropas y el pueblo alemán estaban sometidos a un estricto racionamiento, y la súbita mejora en el aprovisionamiento de los aliados, garantizado por la flota inglesa y la entrada en la guerra de los EE.UU., abatió su moral. Contra un ejército infectado por el desaliento, los aliados emprendieron una serie de movimientos ofensivos que puso fin a la guerra en pocos meses. Seiscientos mil hombres provenientes de los Estados Unidos compensaban las pérdidas sufridas en la campaña anterior, y centenares de tanques ligeros, de gran movilidad, constituían un incomparable instrumento para quebrar las defensas del enemigo. La iniciativa quedó en manos de los aliados desde el 18 de julio, cuando Mangin realizó un ataque sorpresa contra el bolsón alemán del Sur con trescientos tanques ligeros, haciendo treinta mil prisioneros. Jacques relata los ataques del 19 y el 20 de julio en los que participó:

"Las balas llueven, y el tanque, mal articulado, con la cúpula torcida por un estallido, deja entrar esquirlas de un modo anormal y una me acierta en el ojo derecho. Lombard, el joven brigadier cañonero, me grita que han matado al ametrallador de la derecha, y que el asistente está herido... Desde un bosquecito nos disparan. Dos nuevas esquirlas entran en mi mejilla y en mi cuello, esta vez a la izquierda; la herida en el cuello me impide girar la cabeza. Lombard reinicia sus lamentos: hay otros dos heridos, y él también lo está. Sigo adelante, y viendo que al este del bosquecito no hay más que alemanes, me detengo y abro fuego; hay que detener el del enemigo, que se ha vuelto insostenible, y esperar a los otros tanques. Lombard dice que no puede tirar, y que nadie nos sigue. Avanzo, y quedamos como un blanco muy visible en medio de la llanura. Todas las ametralladoras nos disparan de frente. La lluvia de balas es aterradora. Lombard, con voz sepulcral, anuncia: 'Mi lugarteniente, todo el mundo está herido'. Pero viendo que no me detengo, dice: 'Mi lugarteniente, todo el mundo está muerto'. Me detengo y pregunto: 'Bueno, a ver, ¿quién está muerto?'. No hay respuesta. Pese a la rigidez del cuello, logro darme vuelta; el espectáculo es lamentable; toda la tripulación está tendida en un mar de sangre. Afuera, sobre el blindaje, las balas crepitan sin descanso. En fin, no quería llevarles a los alemanes un coche fúnebre. Mi cuello se hinchaba cada vez más, así que me resigné a retroceder."

Esta acción le valió a Jacques su tercera condecoración. En el mes de agosto, las derrotas alemanas se precipitaron. A fines de septiembre, con el asalto a la línea Siegfried, la resistencia quedó rota. Los combates se prolongaron un mes más, pero ya Ludendorff había comunicado al gobierno alemán que era preciso pedir la paz. El 5 de octubre se pidió el armisticio, y el 11 de noviembre se firmó, en un vagón del tren especial del mariscal Foch, en el bosque de Compiègne. La larga pesadilla había llegado a su fin.

La familia Larminat había sufrido otra grave pérdida en los últimos días de la guerra. André había caído al comienzo de la contienda, y ya cerca del final, en julio de 1918, murió Bernard, que tenía veinticuatro años, de tres balazos de ametralladora, cuando avanzaba a la cabeza de su pelotón la ofensiva de Montvoisin, al sur de la Marne.

De las últimas batallas Jacques conservó un recuerdo de agotamiento, por una fiebre reumática y los gases venenosos que había inhalado. Y pese a lo mal que se sentía, con náuseas, la posibilidad de quedar ciego, las llagas, úlceras y hasta convulsiones, sin voz y en un estado de ánimo que él mismo definía como lamentable, juntó fuerzas para recibir la Legión de Honor de manos del coronel Chadeville. La citación por la que se lo distinguió con esta condecoración estaba redactada en estos términos:

"Ejército Francés, Legión de Honor. Jacques de Larminat se destacó en todos los combates contra el enemigo en los cuales participó, especialmente en mayo de 1917 y junio y julio de 1918. Durante las batallas de los días 26, 27 y 28 de septiembre de 1918 estuvo a cargo de asegurar, dentro de una zona completamente devastada, el ingreso en línea de combate de los blindados. Avanzando con las olas de asalto, logró gracias a su valor contagioso y a su indomable energía sobreponerse a considerables dificultades, afrontando un fuego violento del enemigo, y logró de esa manera una participación personal en el éxito de dichas jornadas. Firmado: Mariscal Comandante en Jefe, PETAIN."

La organización de la familia

En noches serenas, soñando a mi lado
mareados de luna y ensueño los dos,.
sus ojos miraban el cielo estrellado,
pensando en el puerto del último adiós.
Pasajera rubia de un viaje lejano
que un día embarcaste en un puerto gris
¿Por qué nos quisimos, cruzando el océano?

HÉCTOR PEDRO BLOMBERG

E‌L PRIMERO DE LOS HERMANOS EN SER desmovilizado fue Etienne, que decidió regresar inmediatamente a Cerro de los Pinos, junto al matrimonio Liger, que estaba en Francia desde el comienzo de la guerra. Los hermanos estaban ansiosos por saber qué había sido de la estancia durante estos cuatro años que habían pasado sin noticias, y con un vecindario alemán que quizás había sido hostil. El viaje se le hizo eterno a Etienne, que dejó registrado en su diario con cuánta emoción volvía a esas tierras que ya formaban parte de su alma. Y aunque reconocía que la Patagonia era gris, monótona y por momentos falta de interés, no bien pisó su querencia recordó el verde de la tierra en verano, los bosques, ríos y montañas, la bruma azul y el horizonte distante, las sombras de las nubes sobre el paisaje lleno de sol. Sentía que volvía a su casa. El grito de los pájaros silvestres lo hizo sonreír, y tuvo la enorme alegría de descubrir que el fiel y eficiente Gallardo Lavalle había llevado adelante la estancia con mano segura, y que pese a todos los problemas Cerro de los Pinos seguía en pie, y marchaba a las mil maravillas. Años más tarde, la familia obtendría del Ministerio de Relaciones Extranjeras de Francia una condecoración "al mérito francés" para el capataz, con una cinta tricolor, un diploma y una carta de reconocimiento del Presidente de la República Francesa.

Jacques llegó a Cerro de los Pinos en septiembre, tres meses después que su hermano. Lo habían demorado asuntos de corazón: viajaba después de haberse comprometido con su querida Magdelon, Magdelon Doé de Maindreville, que fue su sostén y esperanza durante los años de la guerra. Ya habían puesto fecha para la ceremonia: se casarían en Francia el 26 de febrero de 1920, para viajar inmediatamente a la Argentina, donde instalarían su hogar.

Bernard y André ya no estaban con ellos. Por lo tanto, se decidió que François y Robert se sumarían a la empresa argentina. El primero dejó su carrera de marino, se casó, y se instaló en la estancia, ya padre de familia. Robert por su parte abandonó sus exámenes en la École Polytechnique y viajó en noviembre para remplazar a Jacques, que debía viajar de regreso a Francia a casarse.

La boda se realizó en Versailles, en la catedral Saint Louis, con toda la pompa y fasto que podía permitirse la Francia de posguerra, y la presencia de muchos amigos y familiares. Disfrutaron de los primeros colores de la primavera en La Hardonnière, y a comienzos de abril se embarcaron hacia la Argentina, en plan de viaje de bodas, junto a los Thierry, una pareja de hermanos amigos de los novios, que deseaban conocer la severa belleza de la Patagonia. La estada en Buenos Aires fue breve; Jacques le prometió a Magdelon que cuando naciera el primogénito pasarían en la ciudad una temporada más larga, para que ella pudiera conocerla mejor. El 22 de abril de 1920 la joven pareja tomaba por primera vez el tren a Zapala, inaugurado poco tiempo después de que Jacques partiera a Francia. Les esperaba un viaje de treinta y seis horas en un vagón estrecho, sin lugar para el equipaje, y muy sucio.

La primera impresión de Magdelon, una vez que dejaron atrás el verde de las praderas pampeanas, con sus montes frondosos en las estancias, fue que el paisaje era demasiado llano y bastante feo. Todavía le faltaba ver la aridez desértica de la Patagonia.

En Zapala los esperaba un viejo Mercedes, decrépito pero con lugar para todos, que se rompería diecisiete veces antes de llegar a la estancia. Magdelon nunca había visto tanta polvareda, y se reía incrédula cuando el chofer, que a cada momento estaba ejercitando sus habilidades de mecánico, les pedía que se bajaran para que el auto pudiera subir un poco más liviano alguna cresta arenosa. La primera parada nocturna fue en Catan Lil, un boliche a mitad de camino entre Zapala y Cerro de los Pinos, y allí Magdelon empezó a entender por qué Jacques se había extendido tanto en la descripción de las penurias y estrecheces patagónicas. En el último tramo del pintoresco viaje, los esperaba un carro de bueyes para cruzar el río Chimehuín, y fueron escoltados por la peonada que desfilaba detrás de los novios con tímida curiosidad. Etienne y Robert les dieron una cálida bienvenida, y Magdelon se sintió reconfortada al oír el acento soloñés de los Liger, cuyos hijos Riri y Tita los esperaban con enormes ramos de flores recogidos en la estancia.

Si bien para la joven recién casada era un cambio de vida radical, su capacidad de adaptación la puso a la altura de las circunstancias. Y había bellezas que compensaban las incomodidades. La "Estancia Vieja" se encontraba en medio de un parque con sauces, manzanos y arbustos como romero, cedrón, y lavandas que perfumaban el aire durante la primavera. La casa era minúscula, sólo tenía tres habitaciones que se repartían entre los hermanos; una de ellas era el comedor, con una gran mesa en el medio. Sobre la ribera sur del Chimehuín se estaba construyendo la casa que albergaría a Jacques y a François con sus familias, pero el ritmo cansino del carpintero demoraría bastante la mudanza a la "Estancia Sur".

Jacques tenía mucho que hacer, pero también mucho que mostrarle a Magdelon, que descubría los imponentes paisajes que los rodeaban. Aprovecharon los últimos días cálidos del otoño dando paseos por el río para pescar grandes truchas, cazar patos y avutardas, todo lo cual comían con fruición, alternando la sabrosa dieta de carne de cordero. El viento no dejaba nunca de soplar, y se consideraba apacible un día que en Francia se habría considerado muy ventoso. Los animales estaban acostumbrados, pero los árboles, arbustos y flores eran castigados, y hasta arrancados, por la fuerza del viento. Y el polvo y la arena eran una molestia constante. Magdelon, que mostró la misma pasión por la naturaleza que su marido y hacía mucha vida al aire libre, tuvo que acostumbrarse a andar polvorienta, y casi nunca podía lavarse más arriba del codo, donde una línea marcaba hasta dónde había llegado el agua.

Sin embargo, las salidas a caballo le encantaban, lo mismo que a Jacques. El paseo favorito de la pareja era hacia la veranada, cerca de la cordillera, donde durante leguas bordeaban el paredón de roca que cambiaba de colores con el sol. En las mañanas despejadas los acompañaban nubes de bandurrias que confundían su plumaje gris y amarillo con los colores de los ñires rojos, verdes y amarillos. Ya se presentía el aire invernal, con sus grandes fríos.

Y efectivamente, después de las lluvias de mayo, que obligaron a hacer las carreras y bailes que acompañaban tradicionalmente a las fiestas patrias en medio del barro, la nieve lo cubrió todo. La incomunicación, el desborde de los ríos, eran inconvenientes habituales, y ese invierno de 1920 fue especialmente crudo: el Chimehuín desbordado superó su marca histórica (un metro noventa), hubo majadas perdidas en la nieve, los trabajos de campo se hicieron difíciles porque los caballos se agotaban rápidamente peleando contra el metro de nieve que cubría toda la zona. Lo espaciado de las recorridas les deparó feas sorpresas, como la huida de la mejor majada de ovejas Rambouillet. (Jacques, que siempre encontraba una fórmula humorística para aplicar a las desventuras, enunció en esta ocasión la "ley del alambre sin termi-

En el interior de la casa

nar".) El río Collón Cura se llevó con la creciente la línea telegráfica, dejándolos incomunicados y sin correo durante un mes entero.

Había noches en que el viento soplaba con tal furia que se sacudían los marcos de las ventanas, las puertas, los muebles; por momentos temían que la casa entera saliera volando. Corrientes de aire helado se colaban por las hendijas de la madera, y resultaba difícil mantener en el interior una temperatura aceptable. Y hacer los trabajos al aire libre era una tortura, con el viento como un latigazo en la cara, y las manos violetas y entumecidas. Las borrascas de arena lo envolvían todo, y no había protección suficiente para impedir que los ojos estuvieran permanentemente enrojecidos.

Y aun así, la realidad más cruda de la Patagonia no era ésa, y se le hizo patente a Magdelon cuando vio gente que se arrimaba a la estancia pidiendo refugio por unas noches, o los alimentos más básicos.

203

Una noche una familia de chilotes con diez niños harapientos pidió dormir en el galpón; los niños estaban descalzos y sucios, vestidos con arpillera y evidentemente con hambre. Ese tipo de escenas se repetía.

Una consecuencia de la miseria era el cuatrerismo, último recurso que dejaba la desocupación, y recurso relativamente fácil de poner en práctica dadas las grandes distancias y la soledad. Los Larminat conocían bien el problema, y pese a tener perfectamente organizadas las majadas con sus respectivos puesteros, cada año con la señalada, el baño y la esquila podían comprobar que era un mal difícil de erradicar.

El invierno también les deparó a los hermanos un placer muy peculiar: era el momento en que se comenzaba a plantar, y Jacques tenía prisa por probar las especies que había traído de Francia. Ya he mencionado el amor por los árboles que siente la familia Larminat, desde muchas generaciones atrás; pero en el caso de mi abuelo era una verdadera pasión, que transmitió a su descendencia; el amor que sentía por los árboles era más fuerte que el viento, que muchas veces le arrancaba sus ejemplares más preciosos. Aquel primer invierno inició un trabajo que sería constante toda su vida. Plantó muchísimos árboles (prunus, pinos marítimos, araucarias, álamos, sauces llorones, robles), y siguió haciéndolo hasta bien entrada la primavera. Hoy día hay más de cien especies distintas en el parque de la estancia. Cuando nosotros sus nietos visitamos La Hardonnière, en los años setenta, descubrimos algo en común con los bosques de Cerro de los Pinos: mismo orden, mismos ritmos, mismos aromas. Hasta los olores del viejo castillo nos recordaban los de la casa de mi abuelo. Entendimos entonces cómo la nostalgia de mi abuelo le había dado la energía como para reconstruir su hogar al otro lado del mundo, conservando los mismos conceptos.

El invierno también era la época en que se carneaban chanchos para proveer de fiambres y variar la dieta en la estancia. Los Liger le enseñaron a Magdelon cómo ahumar las carnes y cómo aprovechar hasta la última gota de sangre, tarea no muy del agrado de la joven, que además estaba embarazada.

Con el buen tiempo volvieron las visitas. El personaje más peculiar era el vecino Andrés von Puttkamer, el "Freiherr", como lo llamaba Jacques, un noble alemán exiliado por su familia a la lejana Patagonia. Descendiente del poderoso Bismark, se dice que un defecto físico determinó su suerte desde que nació. Estudió en las mejores escuelas de Europa, pero al llegar a la edad adulta sus padres se pusieron en contacto con el cónsul argentino para que encontrara el sitio adecuado donde instalar al vástago, que recibiría parte de su fortuna en tierras, de las que nunca saldría. La Patagonia, por lejana, era el sitio ideal. Y en 1908 llegó el joven Puttkamer, con capital suficiente como para construir en su estancia un gran palacio de estilo germánico, pero también despecho suficiente como para desafiar todas las reglas de la vida civilizada. Su relación con los Larminat fue siempre cordial, aunque con arranques de excentricidad propios de este personaje. Litigaron amablemente durante años para determinar el lugar exacto por donde debía correr el alambre medianero que separaba las estancias, dónde trazar el camino hacia Zapala, o el cruce, siempre complicado, del Collón Cura. Durante la guerra, Gallardo Lavalle debió soportar todo tipo de afrentas de parte de un vecindario alemán hostil, que amenazaba con expropiar tierras francesas, y Puttkamer era el más hostil de todos. Pero, con el paso de los años, los Larminat y Puttkamer hicieron una entrañable amistad. En realidad el alemán era un hombre culto y amable; las fiestas que daba en su gran castillo eran toda una experiencia. Por su condición de desclasado, no prestaba mucha atención a las formas y se dejaba llevar por su temperamento fogoso. Le gustaba la buena mesa, y sus cenas siempre abundaban en vinos que él mismo fabricaba. Tenía pasión por los autos, y todos los años sorprendía a sus vecinos con los últimos modelos en automóviles, que soportaban mal los pésimos caminos sureños. Solía andar armado, ya que su fama de millonario había atraído a más de un atracador, pero terminó siendo temido hasta por los ladrones.

Una vez, el "Freiherr" invitó a mi abuelo a un típico asado de cordero, y antes de sentarse a la mesa, lo llevó a visitar los inmensos sótanos de la casona. En un momento de la recorrida, Puttkamer entró en una buhardilla y extrajo una bolsa de arpillera. De ella sacó un casco de un soldado francés de la Primera Guerra Mundial con un agujero de bala en el costado y se lo mostró a mi abuelo con una gran sonrisa diciendo: "Vea don Santiago, esto es un recuerdo que traje del frente, en mi época de guerra: así dejábamos a los enemigos. ¡Lo siento mucho por su compatriota!". Como no podía aceptar la afrenta, mi abuelo le contestó como a desgano: "Ah, eso... Mire, yo tenía tantos cascos alemanes agujereados al final de la guerra que los tuve que dejar en Francia por el peso. ¡Mis hermanas los convirtieron en macetas para los geranios! Mire qué lástima, si hubiese sabido que le interesaban se los hubiera traído".

Como era bastante común en esos tiempos de aislamiento, Puttkamer hizo vida conyugal con una mapuche que originalmente había ido a la estancia para hacer limpieza y cocinar. Con ella tuvo muchos hijos, que se criaron como verdaderos gauchos, sin mantener ningún vínculo con su familia alemana y casi ignorando lo que representaba el enorme escudo de armas que presidía el majestuoso comedor del castillo.

Otros vecinos eran los Reid, que aportaban sus buenos modales ingleses: una visita a la estancia Gente Grande que míster Reid administraba significaba una vuelta a la civilización. Jacques aceptaba a menudo sus invitaciones a cenar, y con placer desempacaba su elegante jacquet y camisa blanca, para estar a tono con sus anfitriones. Ovejeros de alma, los Reid tenían los mejores lanares de la zona, aunque muchos años más tarde los Larminat pudieron arrebatarles en la Rural de Palermo el premio de Gran Campeón Merino Australiano, trofeo que desde siempre había estado en manos de las dos grandes estancias inglesas de la zona, Leleque y Maquinchao.

Pero las visitas más frecuentes eran las que llegaban sin previo aviso, y por lo general de personas desconocidas. La tradicional hospitalidad de la Patagonia era una regla inviolable en esos parajes, y fuera quien fuese el visitante se le ofrecía alojamiento y comida. Casi siempre eran recibidos con gusto, pues representaban una salida de la rutina y un buen motivo para cambiar los temas de conversación. En el diario de la estancia, que los Larminat mantuvieron siempre, han quedado registradas innumerables visitas, de los personajes más dispares, que llegaban sobre todo en verano:

"Pasa, rumbo a la estancia Gente Grande, donde va a buscar trabajo, un inglés bien educado, Mr. Diamond. Es un joven simpático, hizo la guerra en los Dardanelos y Flandes, herido, cuatro hermanos muertos. Enrolado en el frente a los dieciséis, tiene veintitrés y busca un modo de ganarse la vida."

"Al mediodía, vemos llegar toda una cabalgata: dos damas, un señor, un peón, todos a caballo y seguidos por cinco caballos cargando el equipaje. Se presentan y nos explican. Son Henri Combemale, su mujer y su cuñada, la señorita Durand. Vienen de Chile para pasar unos días aquí, y se habían hecho anunciar con un correo que por supuesto nunca llegó. No son difíciles de contentar. Las damas son conversadoras y muy amables, y aprovechan para afinar el piano de Magdelon. Son muy entendidas en eso y tocan algunas piezas."

"Pasa un padre armenio con un laico del mismo país enviados hace ya cuatro años por el patriarca de Vanqueter a ayudar a los huérfanos de su país. Ha recorrido casi toda la Argentina; le donamos veinte pesos; habla mucho de la guerra que hizo del lado ruso, de los turcos a los que detestaban, tanto que los querían hacer abjurar o dejar el país. Tenía un bayonetazo en el dedo."

Los tres hermanos y Magdelon

"Se queda a dormir un joven médico enviado por el Ministerio de Higiene, un oficial de policía, dos vigilantes y algunas otras personas. Se declaró la viruela en los de Mac Donald y la policía, armada hasta los dientes, se dispone a combatirla."

La ironía de esta última anotación se repite en otras, como el relato de la visita de un médico, recientemente instalado en Junín de los Andes y que buscaba clientela. Ensayando un pésimo francés y asegurando que amaba hablar esa lengua, el doctorcito bebe grandes vasos de sidra y devora todo lo que tiene a su alcance, tras lo cual pregunta:

—¿El doctor Vehrerbrüghen ha hecho buenos negocios aquí?

—Sí —contesta Jacques muy serio—, muy buenos. Terminó completamente arruinado.

El médico se queja de la salud de la Argentina, que lo deja sin pacientes.

—¿Y conocen al doctor Schumann, de Mamuil Malal? ¿Tiene enfermos allá?

—Tengo entendido que por allá abajo sólo hay guanacos. Aunque quizás Schumann haya comprado ovejas para poder curarlas.

—¿Y a los peones de aquí, quién los cura?

—Se curan solos, y no se mueren nunca.

El médico les cuenta que encontró malo el hotel de Junín donde se alojó, hasta alquilar un cuarto en casa de un hombre centenario, al que de paso somete a sus tratamientos. Jacques responde:

—Pobre hombre. Ha vivido cien años sin medicinas ni enfermedades, y antes de que pase un año usted ya lo habrá matado.

La salud era todo un tema en la Patagonia, aunque era una región considerada muy saludable, pese a su crudeza. Pero el aislamiento imponía pruebas difíciles, como una enfermedad repentina, accidentes, heridas o partos. Las enormes distancias entre las estancias y los pueblos, las inclemencias del tiempo, y la poca confianza que inspiraban los médicos de la zona, que a pesar de cobrar altísimos honorarios solían ser mediocres practicantes de dudosos títulos, terminaron dándoles un prestigio enorme a las curanderas.

Los paisanos sentían tanta desconfianza hacia los médicos como credulidad frente a las curanderas, que a veces cometían verdaderas herejías en el cuerpo de sus pacientes. Jacques menciona en el diario de la estancia muchos casos de mujeres "sabias" (o sea parteras) que imponían sus remedios, ya fueran yuyos a la puestera a la que se le había reventado un tumor, o apósitos de cebo y hierbas, más un precario soporte de cañas, a un peón con una pierna quebrada. En una ocasión fue a la estancia una "machi" de Malleo, una joven bruja que cantaba invocaciones seguidas de espasmos para ahuyentar al gualicho. Algunos estancieros habían resuelto atender ellos mismos a sus enfermos, y había uno de gran renombre en una estancia del Nahuel Huapi.

Por todo esto, Jacques le había prometido a Magdelon que cuando se acercara el nacimiento de su primer hijo irían a Buenos Aires para que la atendieran buenos profesionales. A fines de la primavera, llegaba la fecha del parto, y en los primeros días de diciembre el matrimonio partió de la estancia a bordo de un incómodo Citroën que después de muchísimas averías los dejó en Zapala, donde tomaron el tren. Llegaron a Buenos Aires y Jacques pudo cumplir su promesa de mostrarle la ciudad a su esposa, en la medida en que se los permitió el calor y el embarazo. Bernardo, el primogénito, llegó al mundo la tarde del 25 de diciembre de 1920. Antes de regresar, esperaron la llegada de François, con su esposa e hija, que venían de Francia a sumarse a la empresa familiar. Con ellos regresaron en tren, y los dos matrimonios se instalaron juntos en la casa construida sobre la ribera sur del Chimehuín, a la que llamarían en adelante la "Estancia Sur", para diferenciarla de la "Estancia Vieja", donde habían vivido todos hasta entonces.

A partir de este momento, la vida argentina de los Larminat siguió un curso parejo, pero no monótono, de trabajos, esfuerzos, hijos, alegrías y penas. Mi abuelo ya era "Santiago", o don Santiago, y sus hermanos también empezaron a usar sus nombres españolizados. Esteban, el único soltero, partió a Francia con intención de casarse y Roberto quedó a cargo de la "Estancia Vieja".

La otra, donde se instalaron Santiago y Magdelon con el recién nacido, junto a Francisco y su familia, apenas si les daba el alojamiento básico; la casa, hecha con madera del lugar y sin más abrigo que un viejo chacay, planteó el desafío de su aire desolado; estaba todo por hacer: el parque, la huerta, el gallinero, los galpones, la casa de peones, la capilla, el baño para las ovejas, un depósito para las manzanas... Costaba imaginarse esa hondonada arenosa transformada en una estancia funcionando. Pero a eso habían venido, y no había tiempo que perder.

Santiago se encargó de organizar su biblioteca, y Magdelon desempolvó su querido piano Pleyel, de estilo art déco, muy afinado, que la acompañó desde Francia y que ella tanto amaba tocar. Debía de ser extraño escuchar las composiciones clásicas perdiéndose entre los brutales aullidos del viento. Pero eran un alivio a la nostalgia, y una distracción en las noches.

Éstas eran bastante tranquilas, pero tampoco faltaban algunos sobresaltos. Por ejemplo, en aquel tiempo, pasaban por la cercanía de la estancia, en la ruta del sur, troperos que podían llegar a ser un peligro; si no encontraban vigilancia, robaban todo lo que encontraban: víveres, caballos, la ropa tendida, y asustaban a los moradores con sus risotadas y gritos. Se los veía llegar envueltos en una nube de polvo, por la "ruta", un camino de tierra alambrado a los dos costados, que pasaba a escasos cien metros de la estancia. A veces las tropas eran de hasta cinco mil ovejas, o centenares de novillos, arreados por cinco o seis peones que venían de hacer mil kilómetros y todavía les quedaba un buen trecho hasta Chile, donde conseguían buenos precios. Cuando el paso sucedía de noche, las mujeres se quedaban temblorosas en la cama, mientras los hombres, armados, hacían la guardia.

También podían aparecer alertas de otra naturaleza, ya que algunos de los moradores previos a la instalación de la nueva casa intentaban volver a su hábitat tradicional, y hubo que convencer a dicha fauna que debía buscar nuevos horizontes. En las crónicas de la estancia, Santiago dejó una graciosa rima ilustrada por una acuarela, sobre un enorme peludo que los mantuvo en vilo largas noches con los ruidos que hacían sus pezuñas desgarrando la madera para entrar a la casa.

> *Vers minuit on entend un vacarme effroyable,*
> *Madame, effarouchée, réveille son époux:*
> *"Des rats ont pénétré, leur troupe est innombrable*
> *Et ils vont dévorer les nez de nos chers choux".*
> *"Ma Bonne, calme-toi. Ce bruit vient du dehors,*
> *Et je vais, sous vos yeux, mettre la horde en fuite."*

"¡Fuera!" Crie-t-il d'abord, et le chien s'enfuit vite.
Mais le bruit continue...
Horreur! S'offre à sa vue
Un énorme tatou, puant, velu, très sale,
Qui s'efforce à violer la chambre conjugale!
Le Cogérant, très bravement,
A saisi le fauve aux aisselles
Et d'un grand geste large, à épater les belles,
Il envoie le hideux cloporte
A la porte...

(A la medianoche, se oye un estruendo espantoso. La señora, asustada, despierta a su marido: "Han entrado ratas, una tropa innumerable, y le comerán la nariz a nuestros hijitos". "Querida mía, cálmate. Ese ruido viene de afuera, y ya verás que pongo a la horda en fuga." "¡Fuera!" grita, y el perro se escapa. Pero el ruido sigue... ¡Horror! Se muestra a la vista de todos un enorme tatú, maloliente, peludo, muy sucio, que se esfuerza por violar la cámara conyugal. El subgerente, con mucho valor, toma a la bestia por las axilas y con un gesto amplio, capaz de causar fascinación entre las bellas, envía el horrible bicho por la puerta...")

Ordenadamente, cada uno de los hermanos llevaba un cuidadoso registro diario de todo lo que ocurría en el establecimiento. En el diario mi abuelo anotaba no sólo los trabajos realizados, que eran muchos, sino también el estado del tiempo, y el ritmo de la escasa vida social de cada día. No eran distintas las tareas que se reportaban a las que ocupaban la vida de los estancieros del sur: la evolución de la majada, las fechas de recolección de las papas, manzanas, trigo, el apartado de las ovejas, baños, señaladas, curas, compras de materiales, construcciones realizadas, etc.

Cruzando el Chimehuín

Los Larminat se caracterizaron por imponer un fuerte ritmo a los trabajos de la estancia, pero esto no le impedía a mi abuelo versificar con gracia los sucesos memorables, y los ilustraba con acuarelas que revelan un gran talento natural. Así fue que quedaron registrados hechos a veces triviales, pero siempre inolvidables: el ingreso a la casa del peludo relatado más arriba, la caza de un gato montés que arrasaba un gallinero que con grandes dificultades empezaba a producir; la corrida del avestruz guacho de Gallardo Lavalle que se metió en el incipiente parque y picoteó las pocas plantas que habían sobrevivido al viento; los paseos en carros de bueyes hasta el boliche más cercano... Y también dibujó hojas de especies que desconocía, planos para ampliar la casa, canalizaciones y alambrados.

213

La agotadora rutina de una estancia en formación llenaba de trabajo los días de los Larminat, hombres y mujeres; éstas, entre pañales y mamaderas, se las ingeniaban para hacer conservas, criar conejos y gallinas, y colaborar en la modesta decoración de la casa. Se construyó un pequeño corral donde encerrar la vaca lechera, y se plantaron los primeros árboles para dar cierto reparo a la estancia, con la idea de armar avenidas y poco a poco ir superando el aspecto de descampado que tenían los alrededores de la casa. Esos árboles tardaron mucho en crecer, pero tenían un manantial que daba agua a la casa y les permitió las primeras siembras exitosas de flores y arbustos que a fines de ese primer verano ya dieron sus colores al lugar.

El otoño acortaba las jornadas de trabajo, y pronto llegaban las lluvias, y la primera nevisca del 25 de mayo, fiesta que los Larminat festejaban con espíritu patriótico izando las dos banderas y saludando la salida del sol con once salvas de revólver, para después agasajar al paisanaje con cuadreras, asado, tortas decoradas con los colores franceses y argentinos, chicha, pasteles, y un baile que se prolongaba hasta el alba. Pero, como ellos mismos reconocían: "Desgraciadamente en la Argentina las fiestas son una prioridad absoluta sobre cualquier otra ocupación, y veíamos llegar a nuestra estancia muchísima gente que se invitaba sola y no dudaba en llevarse hasta las herramientas; de a poco fuimos renunciando a tanto festejo". También había que tener en cuenta el hecho de que al día siguiente todo el mundo quedaba inutilizado para el trabajo, por los excesos de bebida.

De todos modos, no se podía prescindir de algunas celebraciones, pues eran pausas necesarias en la dura vida del campo: además de las fiestas patrias, el fin de la esquila se celebraba con un gran asado de cordero y baile; el 14 de julio, fecha nacional francesa, era ocasión de un festejo con gorros y cintas tricolores; y por supuesto los bautismos y fiestas religiosas, en los que se aprovechaba la ocasión para unir en matrimonio a las parejas de hecho. También eran motivo de festejo, e inclusive de medio asueto, los días de fiesta nacional chilena. Esto se debía a la evidente influencia de ese país en la zona cordillerana de la Patagonia, donde Chile estaba más presente, por su gente y por su cercanía física, que la lejana Buenos Aires.

En octubre de 1921 llegó de Francia la noticia del casamiento de Esteban con Geneviève de Montaigne de Poncins (que era descendiente directa del filósofo Michel de Montaigne), y su intención de regresar a Cerro de los Pinos en febrero del año siguiente. Otras dos noticias vinculadas a la política europea pasaron probablemente inadvertidas en ese momento, pero tendrían en las dos décadas siguientes consecuencias terribles: Adolfo Hitler había sido nombrado jefe del partido Nacional-Socialista, y poco después, en 1922, Mussolini marchaba sobre Roma e instauraba el régimen fascista.

En la Argentina, un radical elegante, Marcelo Torcuato de Alvear, que cumplía funciones de ministro en Francia desde el fin de la guerra, fue elegido presidente de la República en 1922. El período de gobierno de este "parisino consumado" marcó un momento especialmente feliz de las relaciones entre la Argentina y Francia. Alvear fundó el Instituto de la Universidad de París en Buenos Aires, el correspondiente Instituto de las Universidades Argentinas en París, la Casa Argentina en la Ciudad Universitaria de París, y ascendió a Embajada la Legación Argentina ante el gobierno francés. Y en su pequeño château en las afueras de París, "Cœur Volant", organizó reuniones de argentinos con personalidades de la política y los negocios de Francia.

Los Larminat, pese a su integración a la Argentina y su compromiso con el país, mantuvieron un contacto permanente con su madre patria. En la medida en que funcionaba el correo, recibían diarios y revistas franceses, además de la correspondencia familiar. Pero además, las cuatro familias habían pactado turnarse cada dos años para visitar Francia en estadas que se prolongaban de ocho a diez meses.

El regreso de los viajeros se convertía en una fiesta por los regalos y novedades que traían; lo más apreciado eran los libros. Santiago leía abundantemente, como siempre hizo, todo tipo de libros de historia, novelas, libros políticos y religiosos. Por ejemplo leían al popular Jules Romain, a Colette, exploraban a los surrealistas, y tanto Magdelon como Santiago tenían devoción por Marcel Pagnol.

En mayo de 1922, una vez que estuvieron de regreso e instalados Esteban con su mujer, a la que apodaban Youyou, Santiago partió a Francia a presentar su descendencia, por entonces apenas representada por Bernardo, de diecisiete meses, y Andrés de tres. La aventura para llegar a Zapala a tomar el tren, como siempre, fue azarosa. Los autos que alquilaban para hacer este tramo eran viejos y precarios, y los repuestos que se usaban para las reparaciones se limitaban a un poco de alambre; la ruta, como de costumbre, era imprevisible. Esta vez partieron en dos autos, uno de los cuales se quedó tras recorrer los primeros diez kilómetros, y allí se quedaron todos, a pernoctar en la estancia de Puttkamer mientras el chofer intentaba reparar la caja de cambios con un pedazo de alambre, a la luz de un candil. Al día siguiente continuaron, pero también continuaron los desperfectos, y debieron pasar varias noches en el auto, con temperaturas de hasta ocho grados bajo cero. Llegaron a Zapala cinco días después, cuando el tren ya había partido.

Estas complicaciones, las familias que crecían, los gastos cada vez mayores que ocasionaban los viajes a Francia, determinaron que los viajes en lugar de hacerse cada dos años se hicieran cada tres o cuatro.

En 1925, todos los hermanos estaban casados y Santiago y Magdelon ya habían tenido cinco hijos, una de ellas muerta al año; Francisco y Magdalena también cinco, uno muerto al año y medio; Esteban y Genoveva tenían dos, y Roberto, que se había casado en 1924 con una hermana de Magdelon, tenía su primera hija. Casi todos los niños habían nacido en las casas de Cerro de los Pinos, ya que la par-

La balsa de Collón Cura

tera venía a la estancia y se quedaba hasta que el parto hubiera tenido lugar, a veces atendía a dos cuñadas a la vez, que llegaban a término juntas.

En cuanto al trabajo, se habían organizado del modo más eficiente, repartiéndose las tareas del siguiente modo:

Esteban era un contador nato, muy disciplinado, de modo que quedó a cargo de la contaduría y caja, guías, boletas de marca y señales, trámites en bancos, planes de alambrados y mediciones en el campo, además de las construcciones en la Estancia Norte.

Francisco se ocupaba de materiales de construcción y confección de alambrados, provisiones, molienda y compras en general.

Roberto: recuento de hacienda, productos de almacén (menos el material de construcción y alambrados), agricultura y pasturas al norte del río.

217

Santiago: todo lo demás, es decir órdenes generales al capataz, los peones, carreros y consignatarios, órdenes respecto de la maquinaria en general, agricultura, construcción y mantenimiento e inventario de maquinaria y herramientas en la Estancia Sur.

Mantenían una excelente relación entre hermanos, y todos se consideraban iguales, pero la fuerte personalidad de Santiago y su capacidad para relacionarse con vecinos y autoridades lo iba perfilando poco a poco como el líder del grupo. Tenía una visión de futuro extraordinaria, una gran personalidad, y rebosaba de ideas. A la vez era tremendamente activo, pero siempre repetía que el éxito del emprendimiento se debía por igual a todos los hermanos, y de hecho cada uno aportaba lo suyo.

Una prudente disposición fue que ningún miembro de la familia podía invadir las atribuciones de otro sin previo aviso; ninguno podía tomar ninguna decisión de importancia sin prevenir a los otros, y los censos e inventarios de productos de campo y animales debían ser comunicados a los demás.

Al poco tiempo de llegar con su flamante esposa, Esteban se lanzó en la construcción de una nueva casa en la ribera norte, mucho más cómoda que la vieja estancia; en 1926 se mudaron los dos matrimonios, el suyo y el de Francisco. La nueva casa tenía una turbina ideada e instalada por Esteban, que les proveía potencia mecánica y les permitió ciertos lujos, como un lavadero modelo y una verdadera fábrica de sidra. La fuerza motriz de la turbina permitió instalar un molino harinero que resultó muy rentable durante muchos años. Extrañamente, no instalaron la luz eléctrica hasta mucho más tarde, y lo hicieron con un pequeño generador eólico y no usando la poderosa turbina hidráulica.

En cuanto a la Estancia Sur, había dejado de ser un páramo arrasado por el viento. Ya había otros árboles acompañando al viejo chacay, una huerta que los proveía de espárragos, remolachas, hojas verdes, chauchas, y algunos frutales. Se edificaron los galpones y el gallinero y se trazaron algunas avenidas del parque.

Las dos estancias intercambiaban productos; si en una faltaba leche, la otra le enviaba unos litros, y a cambio recibía conejos, palomas, lechones. Las familias se visitaban con toda la frecuencia que permitían el tiempo y el río. Esteban era un gran remero, y no sólo cruzaba a la familia en un bote de madera sino que en la época de esquila era capaz de cruzar pesados lienzos en varios viajes que habrían agotado a un campeón de remo. Como no había comunicación entre las casas que se encontraban de cada lado del río, inventaron un sistema para hacer saber que una de las casas invitaba a los habitantes de la otra: era un frenético agitar de sábanas blancas. También, hasta el año 1955, en que después de muchas frustraciones, se pudo construir un puente sobre el Chimehuín, para llegar a la prensa ubicada en la Estancia Sur, la lana debía ser cruzada a fuerza de remos o en carro de bueyes, envuelta en lienzos de arpillera.

Los malos caminos, las noches que les sorprendían con el auto roto y bajo la nieve, la incomunicación con la estafeta postal, los heroicos arreos de hacienda a Chile, el difícil transporte de lana en carros de bueyes que debían recorrer al principio cuatrocientos cincuenta kilómetros por caminos pésimos bordeando el Limay hasta Neuquén, con escasa comida y agua para los bueyes, que muchas veces morían antes de llegar, la complicación de tener la estancia dividida por un río que tenía feroces crecidas, fueron todas realidades que tardaron a veces treinta o cuarenta años en modificarse. Muchas anécdotas de principios de la década de 1920 eran idénticas a otras sucedidas en los años cuarenta. El mundo cambiaba, pero la vida de los estancieros de la Patagonia seguía un ritmo de progreso mucho más lento.

Los años 30: la gran crisis

El golpe del 30 en las calles

EN 1930 ERA EL TURNO DE MI ABUELO DE viajar a Francia con su familia que, como dijimos, se había agrandado a cinco chicos: a los dos varones, Bernardo y Andrés, se habían agregado tres mujeres: Jacqueline, Simone y Guillemette (luego habría otras tres). Los viajes a Francia tenían el lógico sentimiento de feliz anticipación, por la perspectiva de reencontrarse con la familia, participar en las multitudinarias reuniones estivales en el bello castillo de La Hardonnière, pero este viaje tenía un sentido especial, sobre todo para Santiago, porque poco antes había fallecido su padre, Jean de Larminat. Mi bisabuelo siempre había sido muy hospitalario y afectuoso con "sus argentinos", y su ausencia se haría sentir. Además, había que resolver una serie de detalles prácticos que iban a modificar el futuro del emprendimiento argentino.

Partieron el 29 de marzo de 1930, y el primer tramo, hasta tomar el tren en Zapala, fue como siempre el más accidentado. El auto que los llevaba se descompuso, según lo acostumbrado, a los pocos kilómetros, a la altura de la estancia de Puttkamer. Después de varias ave-

223

rías más, y otras tantas reparaciones con el servicial alambre, lograron llegar a la balsa de Collón Cura, a poca distancia de la estafeta postal Chimehuín. El balsero, que se llamaba Oscar Morales, era un ebrio consuetudinario, que tenía breves y espaciados momentos de lucidez. Su esposa, con una abnegación digna de mejor causa, no lo dejaba salir cuando se hallaba en mal estado, para que no se cayera al río y se ahogara; con ese fin lo encerraba en la casa, que estaba en la ribera norte del Collón Cura. Cuando llegaba un auto a la ribera sur, como fue el caso de mi abuelo, ella respondía a los bocinazos y tiros de revólver que hacían los que querían cruzar, parándose en una roca y gesticulando con la mano derecha, apuntando hacia la boca con el pulgar hacia abajo, para dejar en claro que don Morales no estaba disponible y por qué motivo. En aquella ocasión la borrachera duró veinticuatro horas, con lo que mis abuelos, ayudados por el chofer, tuvieron que armar un campamento, cocinar un cordero y quedarse a dormir en la orilla del río hasta la mañana siguiente.

La siguiente escala, a ciento veinte kilómetros de allí, era la estancia Catán Lil, de la familia Zingoni, donde dormían todos los pasajeros juntos en un enorme cuarto helado. Después de una innumerable cantidad de percances, llegaron a Zapala, donde como era habitual disfrutaron de la inagotable hospitalidad de los Trannack, una familia inglesa que había llegado con los ferrocarriles y se había establecido en la estancia El Manzano. Con el tiempo los Trannack se volvieron íntimos de los Larminat de segunda y tercera generación, a tal punto que los hijos y nietos de don Arturo Trannack fueron como familia para los descendientes de don Santiago.

Desde Zapala tomaron el tren a Buenos Aires; en ese entonces el trayecto insumía veinte horas, mucho menos de lo que insumió en los años cincuenta, después de la nacionalización, cuando ese mismo tramo llevaba casi el doble de tiempo. Y además el tren era cómodo y limpio, con camarotes de dos y cuatro cuchetas, con sábanas de hilo y frazadas de lana, vajilla de loza y platería, todo marcado con las letras FS: Ferrocarril Sur.

Una vez en Francia, hicieron las visitas familiares que acostumbraban, y también hubo los reencuentros con viejos amigos; en esta ocasión mi abuelo visitó a compañeros de la universidad y camaradas de guerra, como el abnegado mecánico de su tanque de guerra, Tyrel du Poix. También aprovechó para gestionar con relaciones de la familia un préstamo que le daría más margen financiero para afrontar la enorme crisis que se acercaba. (Ese préstamo resultó luego muy difícil de pagar en la Argentina, por la típica inestabilidad de la moneda y los precios en el país.)

Pero esta visita tuvo como centro la decisión que había que tomar respecto de la sucesión del padre fallecido. Hubo largas conversaciones, sobre todo con las "petites tantes", que eran las hijas del segundo matrimonio de Jean de Larminat, y quedó en claro que debía haber un cambio de importancia en el proyecto familiar: uno de los cuatro hermanos tendría que regresar de la Argentina para hacerse cargo de la explotación de La Hardonnière, y se decidió de común acuerdo que sería Francisco.

Éste ya había manifestado sus deseos de regresar a Francia, pues su esposa Madeleine sufría de una afección nerviosa, y le resultaba insoportable el viento y la soledad de la Patagonia. De modo que se le telegrafió (vía la estafeta de Chimehuín), y Francisco emprendió el viaje a Francia con toda su numerosa familia. Cuando estaban llegando se cruzaron en el golfo de Vizcaya con el barco en el que volvía a Buenos Aires mi abuelo, y los hermanos se telegrafiaron de barco a barco saludándose. Días después, mi abuelo se enteró de que el barco en el que iba Francisco había chocado con otro y se había hundido. Pasaron momentos de gran angustia hasta que finalmente llegó la noticia de que todos los pasajeros habían sido evacuados a tiempo.

Durante mucho tiempo se recordó ese episodio en la familia con temor por la tragedia que podría haber sucedido.

Unos años después otro de los hermanos, Roberto, decidió volver a Francia con su familia, en un intento de curar la grave enfermedad que había contraído su mujer, Anne Doé de Maindreville, la hermana de Magdelon. Partieron el 1º de abril de 1934, y Roberto, con su esposa en una camilla, sospechó con inmensa tristeza que no volverían a ver aquellos bellos colores de otoño y el aire transparente de la cordillera. En efecto, la pobre Anne murió a menos de tres meses de esa fecha.

Razonablemente, Roberto renunció a regresar viudo a la Patagonia con seis hijos pequeños, y prefirió ir a Lille a trabajar en una firma petrolera de la familia Wendell. Más tarde se enroló en el ejército, volvió a París en 1939 y allí se casó en 1943, en segundas nupcias, con Marguerite Mangin d'Ouince. Tras la boda partió al frente, y fue el único de los hermanos Larminat que combatió en las dos guerras mundiales; esta vez fue herido de gravedad. En los años posteriores a la guerra fue elegido concejal municipal de la ciudad de París, y desde ese puesto impulsó el nombre de su país adoptivo, "Argentine", para una estación del Metro parisino ubicada al lado del Arco de Triunfo. Por último, se instaló en La Hardonnière, compartiendo la casa con su hermano Francisco.

La gran crisis desencadenada a partir del crack de la Bolsa en octubre de 1929 no dejó indemne a ningún país. En la Argentina, los Larminat fueron afectados seriamente. Una de las primeras consecuencias fue el inicio de un largo período de proteccionismo en el país, y el cierre por parte de Chile de la vecina frontera, impidiendo la venta de hacienda que era la salida natural para los novillos y terneros que producía la estancia. La caída brutal del precio de las materias primas, y en especial de la lana, abrumó las finanzas familiares, a tal punto que hubo un momento en que don Santiago se preguntó si debería presentarse en quiebra. Sus hijos cuentan que se quedaba despierto por la noche, dando vueltas por el cuarto haciendo crujir la vieja casa de madera hasta el alba. Sin embargo, logró capear la tormenta, y a partir de 1935 el repunte de los precios de la lana y la carne le permitió restaurar el equilibrio, y volvió la prosperidad.

La crisis, cuyo inicio había coincidido con el fallecimiento del padre de los hermanos, de alguna manera provocó el abandono del país de dos de ellos: los dos que quedaron en Cerro de los Pinos, Santiago y Esteban, debieron multiplicar sus esfuerzos y mejorar la eficiencia de la explotación ganadera; los viajes a Europa se espaciaron más aún, lo que permitió un importante ahorro. La percepción de la inminencia de otra guerra elevó más el precio de las materias primas (las potencias estaban creando reservas de alimentos y fibras textiles), con lo que la situación financiera de la estancia se comenzó a consolidar.

En el año 1937, con un enorme esfuerzo económico, los hermanos Larminat hicieron la primera diversificación geográfica y compraron varios miles de hectáreas en el partido de Coronel Pringles, en la provincia de Buenos Aires, con lo que recuperaban la idea inicial de cultivar cereales. La iniciativa fue de importancia: por un lado, salían del marco del emprendimiento familiar único de Cerro de los Pinos, a la vez que se confirmaba la orientación argentina del proyecto; por otro lado, se disponía por primera vez de capital que excedía las necesidades de la vida de las familias, lo que era resultado de la racionalización gerencial que produjo el alejamiento de dos de los hermanos. El nuevo establecimiento bonaerense se llamó Pichi-Có, y fue administrado por un pariente lejano por parte de la familia Des Francs, el muy eficiente, honesto y simpático Jaime Lockhart. Después, se continuó activamente con la multiplicación de las instalaciones, comprando otras tierras en el partido de Tornquist, y más tarde aún, cientos de miles de hectáreas en la estancia La Santa Nicolasa, en la provincia de Río Negro cerca de Chimpay. Ese pueblo era el mismo que el caserío minúsculo por el cual don Santiago había pasado cuando iba a conocer la Patagonia por primera vez, en 1909, debiendo fotografiar por cuenta del comisario a un hombre asesinado en una pulpería local. Esta última propiedad, que tenía el tamaño de un pequeño país europeo, le encantaba a don Santiago: era un desafío enorme armar y poblar esa gigantesca explotación ganadera, y se comenzaron a enviar tropas de hacienda desde Cerro de los Pinos para dotar al nuevo emprendimiento de los medios de producción necesarios.

Los hijos de los dos hermanos Larminat iban creciendo tanto en cantidad como en edad, en un ambiente que, aunque integrado al medio ambiente, seguía siendo bastante cerrado y francófono. Después de muchas deliberaciones en las que se discutía cuáles serían las bases de la instrucción de los chicos y cómo se generarían los recursos para lograrla, se decidió que se tomarían institutrices francesas para que se ocuparan de los mayores; se las reclutó mediante la publicación de avisos en periódicos franceses. Así vinieron a instalarse en Cerro de los Pinos la muy severa Mademoiselle Nivault, que se ocupó de los hijos de don Santiago, y Madame Laforcade, de los de Esteban. Más tarde hubo otras institutrices, como la distinguida Mademoiselle Pavageot, Mademoiselle Marincovich, y la señorita Pilar, que a uno y otro lado del Chimehuín les daban una sólida educación a los numerosos retoños Larminat.

Los domingos después de misa se organizaban exámenes para verificar los conocimientos de los alumnos. Los padres y las institutrices preparaban las pruebas en conjunto, y luego constituían la mesa. En el diario de la estancia han quedado las notas con que mi abuelo evaluaba el conjunto. En una ocasión registra: "Bastante satisfactorio, sin exceso". Y meses más tarde tiene la satisfacción de anotar un progreso: "Bastante brillante".

A partir de cierto momento los mayores comenzaron a ir a Buenos Aires a estudiar pupilos en el Colegio Champagnat (colegio de hermanos Maristas, en Luján) y luego en el Colegio Francés de Buenos Aires;

Don Santiago y Andrés

por supuesto, para los "exiliados" la prueba era dura, y desde su llegada a Buenos Aires comenzaban a contar los días que los separaban de
las vacaciones de verano, que les permitían volver a su querido Cerro.

También puede notarse, a partir de la decisión de Santiago y Esteban de quedarse definitivamente en la Argentina, que se hicieron
genuinos esfuerzos por trabar amistades y relaciones con familias de
la zona y otras de Buenos Aires. Además, desde el regreso a Francia
de Roberto (en 1934) tanto Magdelon como Geneviève pudieron por
primera vez disponer cada una de su propia casa, sin tener que com-
partirla; esta nueva situación les permitió mejorar claramente la calidad de vida, y trajo como consecuencia el inicio de una sociabilidad
más fluida. Antes la mayoría de las visitas eran esencialmente de la
propia familia; ahora se abrieron a un círculo mayor de amistades.

La autonomía y prosperidad económica ayudaron asimismo a ambas familias a mejorar sus instalaciones: se construyeron galpones, alambrados, canales, una cancha de tenis, y los viajes a Buenos Aires se hicieron más frecuentes, lo mismo que las estadas en casas de amigos; en los diarios han quedado registradas visitas a las estancias Tequel Malal, de los Jones, Mamuil Malal, de don Bertil Grahn, Huechahue, de los Wood, La Primavera, de Pim Larivière, Collunco, de los Facht-Hohmann, además de las ya viejas amistades con las familias Reid (Gente Grande) y Labadie (Palitué y Toki Eder). También se establecieron o fortalecieron vínculos con los Mendaña, los Trannack, los Dawson, los Brunswick de Chacayal, los Taylor, y tantos más. En esas visitas, Santiago disfrutaba de la compañía de sus amigos, y de las buenas comidas, pero no perdía ocasión de hacer negocios: siempre terminaba vendiendo productos veterinarios y maquinarias Cooper, Stewart & Co., de las que eran representantes, o bien compraba trigo para el molino, ovejas, vendía corderos, harina.

Para completar la integración local, los hermanos Larminat, en la persona de Roberto, hicieron parte del grupo de estancieros que fundaron la Sociedad Rural de Neuquén, entidad que ganó rápidamente gran prestigio en la región, y agrupó a todos los estancieros de la provincia, además de otros que se asociaron sólo por el aspecto social. A partir de su fundación, la Sociedad Rural de Neuquén se constituyó en interlocutor del gobierno y de las entidades profesionales nacionales como la Sociedad Rural Argentina, y después de unos años, empezó a organizar una exposición y fiesta anual en Junín de los Andes, que se hizo muy popular como punto de reunión de gente de toda la provincia y de más allá.

En Cerro de los Pinos se inició la creación de un plantel de Merino Australiano de Pedigrí, para lo cual se compró un carnero australiano pura sangre de primera calidad, el famoso B-616, al precio más alto del mercado. Se lo compraron nada menos que a la Argentine Southern Land Co., que todos los años peleaba el gran campeonato de la Exposición Rural de Palermo con los productos de los Menéndez. El carnero debió ir a buscarlo don Santiago a la estancia Maquinchao, y lo hizo en compañía de sus dos hijos varones, Bernardo y Andrés, entonces de diecisiete y quince años de edad; dejaron un simpático relato de ese viaje.

Fueron en una camioneta Dodge alquilada, con chofer, y sufrieron los habituales problemas de los malos caminos de entonces: cruces de ríos en balsas, empantanadas, averías, hasta llegar. La enorme estancia Maquinchao era administrada por un señor Dunlop, que junto a su esposa recibieron a los visitantes con una urbanidad y un lujo a los que no estaban acostumbrados los austeros neuquinos. Allí encontraron a lo más granado de la sociedad angloargentina de Buenos Aires, entre ellos el señor Gibson, representante de la River Plate Company, dos comandantes de la Royal Air Force de visita desde la base aérea británica de las islas Bermudas con sus propios aviones, y otros visitantes británicos. Santiago sacó a relucir desde el fondo de su memoria su oxidado pero muy correcto inglés, y los chicos la pasaron muy divertido, aunque debieron ir a dormir a la casa del mayordomo, ya que la casa principal estaba colmada de invitados. Fue el primer encuentro cercano de Bernardo con la Royal Air Force; no podía imaginárselo, pero pocos años después él estaría combatiendo con el mismo uniforme de la Royal Canadian Air Force muy parecido al que lucían aquella noche los dos elegantes oficiales.

Por esos años, entre 1935 y 1940, los hermanos se lanzaron a una empresa muy importante, que venían soñando desde que compraran la estancia treinta años atrás: la construcción de un puente sobre el río Chimehuín, río rebelde que cortaba la propiedad en dos partes, dejándolas aisladas entre sí durante varios meses al año. Para cruzar, había que animarse a hacer frente a la corriente, ya fuera a caballo si el nivel

231

"daba paso", ya en bote a remo, cosa que exigía una pericia y un vigor físico excepcionales. Todas las cargas pesadas debían ser cruzadas en carros de bueyes, únicamente en períodos de bajo caudal del río.

El Chimehuín no era el único caso: en la región, todos los ríos eran obstáculos importantes, ya que no existían casi puentes, y todas las comunicaciones dependían del nivel de las aguas. El correo, que tanta importancia tenía para la familia, llegaba sólo cuando el río "daba paso", y el pobre camión de la estafeta debía pasar por todo tipo de peripecias para poder entregar su carga. En noviembre de 1935, un día que el río arrastraba una fuerte corriente, el cable de la balsa del Collón Cura, que dominaba todo el tráfico de los valles de los lagos de la región, se cortó en medio de un cruce. La balsa que cruzaba en ese momento, en la que se encontraba el camión del correo, salió despedida sobre el agua enfurecida y se estrelló contra una roca; el camión volcó en el río y se perdieron varias sacas de correo destinadas a San Martín de los Andes. Entre lo que pudo salvarse había un sobre para don Santiago, del consignatario de lanas Ángel Vélez, que contenía un cheque importante por la venta de la lana de ese año.

Más graves que esos accidentes eran los que costaban vidas, y que con frecuencia habían enlutado a familias de la comarca por intentar cruzar el Chimehuín cuando las condiciones no estaban dadas. Mi abuelo recordaba con tristeza la carta desesperada que le había escrito un día de primavera de 1931 su cuñada Geneviève contándole el vuelco de un carro de bueyes que llevaba a la estancia vecina de Chacayal dos familias con chicos. El accidente había tenido lugar en el medio de la corriente más fuerte, y el saldo que dejó era de tres niños ahogados, cuyos cuerpos se habían buscado en los brazos del río hasta bien entrada la noche.

De modo que los hermanos Larminat vieron justificada una importante inversión para hacer un puente sobre el Chimehuín. El desafío no era trivial, dado el volumen y vigor de las aguas del río en invierno y en la época de los deshielos, que llegaban a convertir el siempre tumultuoso pero ocasionalmente romántico curso de agua clara de los meses de verano en un verdadero torrente furioso que acarreaba piedras, troncos y lodo traídos desde los lagos y las pendientes de los volcanes de la cordillera.

Mi abuelo dejó los cálculos del puente a su hermano Esteban, ingeniero, tras acordar que sería de madera, material disponible en el lugar y tradicional en la construcción de puentes en la región y en Chile. Mientras Esteban hacía números y dibujos, Santiago se ocupó de la logística: compra de materiales, busca de mano de obra, y contrato de dos maestros carpinteros chilenos, Ibacache y Beltrán, y sus ayudantes. Los planos quedaron terminados a fin del año 1936, y a partir de enero del año siguiente se comenzó a ensamblar el puente sobre la costa norte del río, a unos dos kilómetros río arriba de las casas. Los chilenos hicieron un trabajo formidable, encastrando pesadas vigas de madera de ciprés de la cordillera y roble peyín, formando poco a poco el pasillo de setenta y cinco metros de largo en total, con un piso de gruesos tablones y costados de reticulado de madera del tipo de los puentes metálicos del ferrocarril, que debían darle la rigidez suficiente para soportar las cargas que cruzarían el puente.

Después de diversas demoras y contratiempos, se fijó el día 5 de junio para lanzar el puente sobre el río, que ya venía hinchado por las primeras lluvias de invierno, pero todavía daba paso a caballo por los vados habituales.

Ese día, a las ocho de la mañana, antes de que saliera el sol, todos los habitantes de la estancia se apersonaron en el obrador, cerca del cual se habían prendido grandes fuegos para contrarrestar el viento helado del amanecer y de paso para preparar el mate y algún pedazo de carne para el desayuno.

Mi abuelo, entusiasmado y también bastante ansioso, comentaba por milésima vez con su hermano la secuencia del lanzamiento, hecho

233

trascendente que les cambiaría la vida y haría más fácil y eficaz el trabajo ganadero. La operación consistía en hacer deslizar la gran construcción de madera sobre su eje longitudinal, haciendo avanzar en voladizo la cabecera sur del puente hasta que quedara apoyada sobre el pilar de piedra que se había preparado sobre la otra orilla. El trayecto que debía recorrer el puente por el vacío hasta llegar al otro lado era de unos cincuenta metros. Era una apuesta osada, considerando la insuficiencia de los medios de elevación de los que se disponía, y el material usado para la construcción.

Por fin, ya de día, hacia las diez de la mañana, concluyeron los últimos preparativos; los peones carreteros habían terminado de atar las cuatro yuntas de bueyes que debían arrastrar el puente de cada lado por medio de un juego de cables y poleas. Los dos grupos de bueyes debían tirar de los cables en el sentido contrario del que avanzaba el puente, apoyado sobre rodillos de madera para que pudiera deslizarse en dirección perpendicular al río. Lentamente, en un clima de suspenso, la cabecera y toda la estructura, guiada por dos grandes cables de sostén, inició su travesía. Los bueyes no parecían lo bastante fuertes para ir a la velocidad esperada, pero aun así el trabajo se iba haciendo.

De pronto, cuando ya casi la mitad del puente se encontraba suspendida sobre el río, se oyó un fuerte sonido de quebradura de madera, y la cabecera del puente cayó al río, arrastrando al resto y torciéndolo hasta ponerlo en dirección de la corriente. El público, absorto en lo que veía, estuvo a punto de ser embestido por la parte trasera del puente que comenzó a barrer el área donde se hallaban las mujeres y los niños, que corrieron para ponerse a salvo.

Los obreros lograron enlazar y sujetar con cables el tramo del puente caído al río, y ataron los bueyes para arrastrarlo de vuelta a tierra. Pero los hermanos, desolados, comprendían que el daño ya era muy grande, y dudaban que la catástrofe tuviera remedio.

En efecto, se confirmó que era imposible reparar la destrucción antes de la inminente llegada de las aguas altas. Nunca se supo a cien-

El Puente Negro sobre el Chimehuín

cia cierta si fue una ráfaga de viento especialmente fuerte, o si el puente tenía una falla estructural y se quebró bajo su propio peso. Por las anotaciones de mi abuelo en el diario de la estancia, parece haber llegado a la conclusión de que hubo un error de cálculo en la estructura, que no quedó lo bastante rígida y se torció con el movimiento, permitiendo que la cabecera tocara el agua, que completó el desastre. Lo cierto es que el lanzamiento fracasó, y fue una experiencia traumática para todos. Mi abuelo, muy en la línea de su carácter, insistió en rearmar el puente, reparar la rotura y subsanar las debilidades que había observado; pero su hermano, al que la experiencia había vuelto más cauto, dudaba. Y los carpinteros (a uno de los cuales don Santiago, irritado, califica en el diario de "chileno llorón") estaban desalentados. Lo cierto es que a pesar de las mejores intenciones, pasó ese año, y otro, y nunca se hizo el relanzamiento. Sólo dieciocho años más tarde, en 1955, se logró el objetivo, con el Puente Negro, que fue un proyecto técnico totalmente distinto.

Sea como sea, la vida en la estancia prosperaba, y por esos años la vida se hacía más cómoda, y crecía la actividad social. Las familias, ya con los hijos más grandes, comenzaron a hacer visitas más frecuentes a sus vecinos: se armaban carreras de caballos en lo de don Santiago Labadie, señaladas en Huechahue, partidos de polo en el Regimiento de San Martín o en Mamuil Malal, visitas a Quemquemtreu, y en todas estas visitas abundaban los invitados de Buenos Aires, con frecuencia miembros del servicio diplomático.

Los dos hijos mayores de don Santiago se graduaron con honores en el Colegio Francés, pero decidieron no seguir carreras universitarias, desalentados por las trabas que les ponía el Ministerio de Educación de la Nación para reconocer el bachillerato francés. Por lo tanto volvieron a Cerro de los Pinos a trabajar con su padre.

El pueblo de San Martín de los Andes, mientras tanto, se transformaba para recibir al incipiente turismo, en especial a los pescadores que empezaban a aparecer con sus extrañas cañas de bambú, para pescar con mosca, casi todos de origen inglés o norteamericano. Para ellos la familia Dawson abrió un coqueto hotel que se inauguró con una gran fiesta, de la cual los hijos de don Santiago regresaron en no muy buen estado, a la insólita hora de las cuatro de la mañana.

También creció por entonces la Exposición Rural de Junín de los Andes, hasta volverse una gran fiesta con concursos hípicos, polo, juegos a caballo, en los que participaba todo el mundo, desde las señoras maduras de los estancieros hasta los más jóvenes.

Entre las visitas destacadas que recibió la estancia se contaron el ministro de Yugoslavia, señor Kaderabec, y el de Serbia, embajador Suli, así como Mr. Tuck, encargado de negocios de los Estados Unidos. Con este último mi abuelo hizo una gran amistad, y Mr. Tuck quedó tan agradecido por la hospitalidad de Cerro de los Pinos que a su regreso a Buenos Aires le envió a don Santiago dos cajones de uno de los mejores vinos de Bordeaux, el Château Montrose 1921.

13

La Segunda Guerra,
la prosperidad y el peronismo

L DECLARARSE LA SEGUNDA GUERRA Mundial, se formaron clanes que apoyaban a uno y otro bando. Obviamente los Larminat, en medio de la angustia provocada por el aislamiento de sus familiares franceses, se alinearon con los aliadófilos, o la "causa francobritánica", como se la llamaba, apoyada por sus vecinos, particularmente por los Labadie, González, Mendaña, Dawson, Reid, Trannack y Wood. Como era de esperar, von Puttkamer, "el viejo burgrave" según don Santiago, se ubicó en el bando contrario, y fue a visitarlos con "un espantoso boche todo marcado por los gases de la Primera Guerra Mundial, ya que ha peleado en Verdún; ambos parecen convencidos de los derechos que defiende Hitler".

Las noticias se volvieron un bien preciado, y obviamente eran el tema de conversación de cuanta reunión social se hacía. El 23 de junio de 1940, no bien supieron de la "inexplicable traición del gobierno de Bordeaux", don Andrés Reid y su hijo fueron a Cerro de los Pinos a comentarla. Don Santiago, consternado pero mostrando tener un buen conocimiento de lo que sucedía en Europa, ponía toda su esperanza en "este general, De Gaulle, que habló desde Londres hace cinco días". Bernardo, su hijo mayor, de veinte años, estaba decidido a enrolarse en los ejércitos aliados, pero al padre le parecía que era "imposible dejarlo partir todavía, a causa de la incertidumbre de los acontecimientos que se precipitan". Dada la rápida sucesión de hechos imprevisibles, era absolutamente imposible por el momento saber adónde y cómo servir mejor a Francia, sin correr el riesgo de cometer un error irreparable.

Poco después, don Santiago tenía el dolor de titular la página correspondiente al 14 de julio en el diario de la estancia con las palabras "Duelo Nacional". Francia había sido derrotada e invadida, y más aún, quien lideraba el gobierno fantoche de lo que quedaba del país era el mariscal Pétain, el mismo que muchos años antes lo había condecorado con la Legión de Honor por su heroísmo en el frente.

En cualquier momento le iba a tocar a Bernardo la conscripción en el Ejército Argentino, pero sus planes eran otros: él quería ir a pelear a Europa como voluntario. Por su parte, Andrés el segundo hijo, al cumplir los dieciocho años fue a enrolarse a San Martín de los Andes. La familia decidió ir a Buenos Aires, y partieron en agosto, en medio de otro crudo invierno, con colosales crecidas de los ríos, enormes nevadas y violentos huracanes. Los Reid los acompañaron, y se formó una caravana de autos para afrontar las dificultades del trayecto a Zapala, arduo aun con buen tiempo. Lograron llegar, y embarcarse en el tren, junto con las familias de Santiago y Antonio Labadie y su amigo Geoffrey Wood.

Una vez en Buenos Aires, Santiago puso en marcha toda su batería de relaciones para asegurar la salida de su hijo Bernardo al frente bélico; no contaba, por obvias razones, con el apoyo de la embajada de Francia, ni tampoco con el de las autoridades argentinas, que no veían con buenos ojos que sus ciudadanos fueran a combatir con los aliados; el país había adoptado una postura de neutralidad, pero el gobierno simpatizaba con el Eje.

Lo ayudaron a lograr su cometido familias francesas claramente contrarias al gobierno del general Pétain, como los Thibaud y los Becquerel, y también el embajador Tuck, el coronel Russel, del ejército británico, y el encargado de negocios del Canadá, Mr. Strong. Finalmente Bernardo sacó pasaje en barco para Nueva York y Ottawa, donde se enrolaría en las fuerzas aéreas canadienses. Don Santiago anotó en su diario, lacónicamente: "Vapor Brasil, Republic Line, 230 dólares + 10%". El 28 de septiembre su hijo mayor partía al frente, tal como lo habían hecho don Santiago y sus hermanos en la primera guerra.

En ausencia de Bernardo, la dirección de las tareas comunes en la estancia fue quedando poco a poco en manos de Andrés. El trabajo cotidiano era enorme: las tareas con los lanares eran tan intensas como interminables, pues concluida la ronda de un año empezaba la del siguiente: baños contra la sarna, dosificación contra los parásitos, esquila de los ojos, cuidado de la parición, señalada, selección de los carneros, y por supuesto la esquila, culminación de todos los esfuerzos. Además había que ocuparse del mantenimiento de los inmensos corrales y de los cientos de kilómetros de alambrado, el control de zorros y otras alimañas, en invierno había que realizar salvamentos de lanares en las nevadas, mantenerse alerta al cuatrerismo, plantar árboles, mantener la huerta y los frutales, domar potros, comprar y vender frutos del país, comerciar muy activamente con los otros establecimientos de la región, mantener minuciosos controles de existencias y operaciones comerciales, fabricar harina casi todos los días, mantener el molino, el canal y la turbina hidráulica funcionando, hacer la sidra, los jamones...

Mi abuelo por su parte se mantuvo muy activo, y hasta multiplicó sus esfuerzos: reorganizó las sociedades de las que participaba, hizo hipotecas para terminar de pagar el campo nuevo, y ayudó en los estudios de sus hijas menores, a las que se acercó mucho más. También viajaba con frecuencia a Buenos Aires a hacer compras, vender la lana, y hacía visitas de inspección al nuevo campo de Coronel Pringles.

La guerra seguía su marcha pero era como una obra de teatro en "off", no sólo por la distancia sino por la falta de información, ya que la censura aplicada a toda la correspondencia hacía que llegaran pocas noticias. Por momentos don Santiago se resentía del tedio provocado por la falta de alternativas en la situación internacional. En una oportunidad, cuando falleció un vecino alemán al que conocía muy bien, no logró vencer el desgano para ir al sepelio: "Primero, no tengo auto, y segundo, me encuentro demasiado a gusto en mi precioso parque para pensar en este pobre boche que murió".

La familia reafirmaba su unidad alrededor del patriarca, y a menudo se reunía con la de don Esteban para pasar el domingo juntos, tratando de aliviar el peso y la inquietud que les provocaba a todos la ausencia de Bernardo.

En el verano del 42, el 14 de febrero, la familia decidió celebrar una gran fiesta a beneficio de la Francia Libre. Todos en la estancia trabajaron febrilmente para que fuera un éxito, e invitaron a varios amigos para ayudar: acudió M. Chauveau, enólogo jefe de la bodega Trapiche de la familia Benegas, con una cantidad de cajones de vino en donación, y el vecino Geoffrey Wood, gran guitarrista y acordeonista. El día indicado, no faltó nadie; hubo gente de todas las estancias enroladas en la causa de los Aliados, los amigos de San Martín y Junín de los Andes y hasta algún porteño de paso. Las diversiones fueron: la Lotería del Chancho de la India, el Remate de Don Ochoa, en el que se vendían botellas de whisky y coñac regaladas por los asistentes, la Ruleta del señor McKay, y piezas musicales tocadas por Magdelon y sus hijas. Después de un opíparo almuerzo apretujados en el comedor de don Santiago, ya que el clima se negó a colaborar y descargó una lluvia, la fiesta continuó con el té, canciones populares francesas que todos cantaron en el patio de la casa mientras las hijas de don Santiago salían a vender programas con las letras de las canciones ilustradas por su padre a mano. Los ganadores de los juegos volvieron a donar sus premios, y al final se juntaron unos dos mil pesos, que se giraron a la representación de la Francia Libre. En cuanto a los premios líquidos, fueron bebidos en su totalidad por los asistentes, que volvieron extremadamente alegres a sus casas.

Al poco tiempo, Andrés inició su servicio militar en el Instituto Geográfico Militar, y sus hermanas menores volvieron a distintos colegios de Buenos Aires, mientras Jacqueline regresaba al Cerro definitivamente, permaneciendo en la estancia para ayudar a su madre.

La administración moderna y dinámica de sus campos seguía ocupando gran parte del tiempo de don Santiago; la prosperidad que resultó de sus esfuerzos le permitió la compra de más campos en la provincia de Buenos Aires con los que extendió la estancia Pichi-Có.

La fiesta de 1942 se repitió los años siguientes, siempre con la finalidad de recaudar fondos. Los vecinos proaliados, cada vez más satisfechos a medida que las potencias del Eje iban retrocediendò, seguían cooperando en estos eventos, y en cada edición aumentaban las donaciones; en 1944 se juntaron más de seis mil pesos.

En octubre de 1943 llegó un cable de Montreal avisando que Bernardo había sido herido en Sicilia, y que lo habían ascendido de grado y condecorado. Luego recibieron otro cable firmado por él diciendo que tenía la moral muy alta y que estaba recuperado. Al mismo tiempo recibían la noticia que el simpático Geoffrey Wood había perdido la vida en una misión de bombardeo; también había desaparecido Eddy Dawson, otro hijo de la región, pero afortunadamente apareció con vida más de un mes más tarde, luego de haber logrado cruzar toda la zona ocupada. Por supuesto, ni Santiago ni mucho menos Magdelon dejaban de pensar en el riesgo inmenso que corría su primogénito en los Spitfires de la Royal Canadian Air Force. Sin embargo, a pedido de su segundo hijo, don Santiago no dejó gestión por hacer para obtener que Andrés también pudiera ir a combatir. Apenas volvió del servicio militar, su padre comenzó a asediar al nuevo embajador de los Estados Unidos, Mr. Armour, al ministro de Canadá, Mr. Kirkwood, y al embajador del Reino Unido, para obtener una visa para Andrés. A cada viaje a Buenos Aires, los iba a ver, los invitaba, les hacía todo tipo de atenciones para obtener lo que quería. Andrés, confiado en el éxito de estas gestiones, se quedó en Pichi-Có para estar más a mano para cuando se obtuviera la visa de combatiente voluntario. Su deseo se cumplió el 20 de junio de 1944, cuando partió hacia Canadá.

El terrible invierno de 1944 impidió toda comunicación de correo en la estancia, pero cuando la balsa de Collón Cura finalmente dio paso y llegó el camión del correo, la familia pudo leer un cable de Andrés desde Washington en el que contaba que había llegado perfectamente, y otro de Montreal, donde quedaba confirmada la buena salud de Bernardo. En efecto, Bernardo se encontraba en Canadá con licencia de convaleciente, por haber sido herido nuevamente a raíz del derribamiento de su avión en el Adriático. Andrés fue enviado a Argelia, desde donde seguiría a Francia en donde pelearía la batalla de Royan bajo las órdenes de su tío el general Edgard de Larminat y luego a Alemania formando parte de una unidad de la Francia Libre en el ejército americano del general Patton.

En la Argentina de aquellos años las cosas empezaban a deteriorarse: no se encontraban repuestos, la nafta estaba racionada así como los neumáticos, y sobre todo, el Estado se convertía poco a poco en la máquina de impedir en la que se transformó definitivamente, trabando todo tipo de actividades. Entre otras cosas más graves, se les prohibió a todos los estancieros hacer sidra, a consecuencia de una presión de los sidreros industriales del valle del río Negro que inventaron un sinnúmero de trámites e impuestos para que la faena se les hiciera imposible a los sidreros artesanales. Fue una pérdida sensible para don Santiago, pero, acriollado al fin, siguió haciendo sidra a pesar de todo, ya sin venderla.

En agosto de 1944 asistió con su hermano Esteban a la Exposición Rural de Palermo, ya que habían enviado carneros que a duras penas lograron llegar a Zapala a tomar el tren, por causa de la excepcional caída de nieve de ese año; los ríos llegaron a crecer tanto que superaron la marca del famoso año 1927, que era el récord de aguas altas de la región. Cerca de Esquel, una formación del trencito de trocha angosta quedó bloqueada por la nieve durante doce días, y hubo que alimentar a los pasajeros arrojándoles víveres desde un avión; en Lolog murieron dos ancianos sepultados por la nieve y fue el peor invierno del que se tuvieran recuerdos. En Cerro de los Pinos murieron congelados y de inanición novecientos cincuenta y siete lanares y setenta y tres vacunos.

Al llegar a Buenos Aires, Santiago y Esteban se encontraron, el 23 de agosto, con la noticia de la liberación de París. No fueron los únicos que la celebraron; toda la ciudad lo hizo, con un entusiasmo que los reconfortó. Mi abuelo describió así los festejos:

"A mediodía vamos con Esteban a la Plaza Francia, en donde hay una gran cantidad de gente cantando la Marsellesa. A la tarde, los porteños se reúnen espontáneamente en la Plaza San Martín, y a las 18 hs. se junta una muchedumbre impresionante, con un entusiasmo indescriptible. La policía, obedeciendo a las órdenes de un gobierno parcialmente pronazi trata de limitar la algarabía, sin éxito.

"A la noche, vamos al Club Francés de la calle Rodríguez Peña, y me encuentro allí con un grupo lamentable de antiguos combatientes, la típica ciénaga de gente egoísta y venenosa de antes de la guerra, en perfecto contraste con las espléndidas manifestaciones de la Plaza San Martín y Plaza Francia.

"El jueves volvemos a Plaza Francia, en donde asistimos a una nueva manifestación de más de 100.000 personas de todo pelo y edad, que canta la Marsellesa y el Himno Nacional. Un manifestante argentino me dice: 'Hoy, en Buenos Aires somos todos franceses'.

"El diario *La Nación* imprimió esta mañana una Marsellesa en escritura fonética para que todos puedan cantar. Absolutamente todo el mundo anda con el recorte en la mano, donde se puede leer:

> *Alons anfán de la patri...i...e*
> *Le yur de gluar et arribé*
> *Contre nu de la tirani...e*
> *L'etandar sanglan te levé*
> *L'etanda...ar sanglan te levé*
> *Antandevú dan no campañe*
> *Muyir ce feroce soldá*
> *Ki vie ne yusque dan nos bra*
> *Egoryé no fis e no compañe...*
> *Os ar...me situayén*
> *Formé vo bataión*
> *Marshón...marshón*
> *Ken sangkempur*
> *Abré...ve no siyón...*

"¡Totalmente genial! Es todo muy emocionante y se siente el afecto profundo que la Argentina tiene hacia Francia, pero también es una manifestación en contra de Perón. Se cantan todo tipo de canciones que al final son en contra del gobierno pronazi, como por ejemplo: 'Argentinos sí, Nazis no, San Martín sí, Rosas no, Democracia sí, Dictadura no'.

"También se escucha: '¡Adolfo! Adolfo!... Yo bien te decía... Que con Francia no se podía...', y: 'París está otra vez... Una dos y tres... Los alemanes al revés... Una dos y tres'.

"Con el pretexto de impedir el desorden, la policía se pasa el día haciendo tronar sus sirenas, realiza algunos intentos de cargar a caballo contra los manifestantes, lanza unos pocos gases lacrimógenos y todo el

246

día se dedica a molestar a la gente que está reunida en los cafés y los restaurantes para celebrar y cantar la Marsellesa, pero no pasa de ahí.

"Al día siguiente, me voy con el abogado a almorzar al restaurante de Harrod's, y al lado nuestro varias decenas de preciosas y muy elegantes señoritas están terminando una despedida de soltera. Al final de la comida, se paran todas y cantan perfectamente tres estrofas de la Marsellesa, y luego el himno de Tipperary. Inmediatamente, toda la sala se pone de pie y las aclama, inclusive una mesa de oficiales superiores en la cual reconocí a los generales Tognazzi, Béistegui, Vadevalle, etc."

Otra buena noticia que recibió pocos días después, fue que Elizabeth, la mayor de las hijas de su hermano Esteban, se había puesto de novia con el vasco Andrés Laxague, para la mayor satisfacción de sus padres y todos los habitantes del Cerro. Sería la primera boda de la segunda generación, y el lanzamiento de la tercera en el país. De ese casamiento, nacerían la friolera de diecinueve hijos y más de sesenta nietos.

Sin embargo, a pesar del importante número de hijos que habían nacido en los matrimonios de don Esteban y don Santiago, ese casamiento solamente fue el primero de una corta serie, y contrariamente a lo esperable, muy pocas de las hijas de los dos matrimonios fundadores se casaron. El cálido ambiente familiar, la comodidad de quedarse entre sí en Cerro de los Pinos, la falta de vocación de la familia por tener una verdadera vida social en Buenos Aires hizo que las otras hijas de don Esteban quedaran todas solteras (tres entraron en religión), y don Santiago solamente casó de sus seis hijas a Guillemette y a Jeanine. Estas últimas tuvieron desde el vamos la intención de casarse, e hicieron por su propia iniciativa todo lo necesario, yéndose eventualmente a vivir a Francia con el objeto de ampliar su círculo social y salir del aislamiento que sufrían en la estancia, pero las otras hermanas que se quedaron en el Cerro no pudieron encontrar localmente a sus príncipes azules. Esto fue definitivamente un costo que hubo que pagar para poder mantener la agradable vida que mi abuelo había logrado organizar en el campo con su familia; sin subestimar las dificultades que la solución de ese problema acarreaba, queda claro que primó el interés que él y mi abuela le dieron a la preservación de su estilo de vida por sobre aquel importante aspecto del devenir de sus hijas.

Ese año se inauguró el famoso puente de una trocha sobre el río Aluminé en La Rinconada, con un asado de diecinueve vacas y cuarenta corderos, y toda la plana mayor militar y las fuerzas vivas de la región. Ese puente fue el principio de la solución del problema de la balsa de Collón Cura. Pero el camino de La Rinconada era malísimo, lo que disminuía los beneficios; don Santiago opinaba que era una solución poco práctica y cara, y que hubiera sido mejor para la región hacer un puente cerca del lugar de la balsa, que tenía un acceso mucho más fácil.

Poco después, el 26 de febrero de 1945, festejó en la intimidad sus Bodas de Plata, en ausencia de sus dos hijos pero rodeado de sus hijas, que les regalaron un maravilloso libro de canciones encuadernado en cuero por Jacqueline e ilustrado por todas ellas.

El 5 de mayo, don Santiago escribió en grandes letras en su diario: "Capitulación General en Europa", y puso en movimiento a toda la familia para organizar una gran fiesta de la Victoria el día 10 de mayo, en la espera de recibir noticias de sus dos hijos de quienes no sabía nada. En junio partió con Magdelon para Buenos Aires, donde se multiplicaban las manifestaciones de satisfacción por el final de la guerra. El círculo de los "Anciens Combattants" les ofreció un cocktail y banquete, y don Santiago, con su invencible energía, logró reunir una importante donación de dinero y mercaderías para el ejército "del Atlántico" de su primo, el general Edgard de Larminat que seguía al frente de las tropas a su cargo en una Europa sumida en la hambruna más terrible.

Los ejércitos Aliados lentamente se iban desmovilizando, y finalmente, en septiembre de 1945 llegó a la estancia un telegrama de los dos hermanos diciendo que se embarcaban desde el puerto de Le Havre para Buenos Aires en el vapor *Désirade*.

Don Santiago y su esposa volvieron entonces a la Capital a esperar a sus hijos, y se encontraron con una gran agitación política generada por la carrera hacia el poder que estaba por ganar el coronel Perón; en su diario, don Santiago menciona los desmanes, saqueos y violencias nunca vistos antes en la Argentina, que producían "los delincuentes a sueldo de Perón".

He aquí el relato que hace mi abuelo de la llegada de sus hijos a Dársena Norte:

"18 de octubre: Huelga general. Nos vamos al puerto de a pie, y pasamos por la estación de ferrocarril que encontramos cerrada por lo que no pudimos encontrarnos con Jeanine y Guillemette que debían venir del colegio. Tampoco ellas encuentran taxi y las chicas llegan finalmente también de a pie luego de caminar 74 cuadras. En el puerto, cuyos puestos de ingreso del público han desaparecido, entramos sin más trámites. Un vago jefe de policía nos da la orden de evacuar a todas las personas que esperan a sus deudos, ya que proclama que 'el barco no llegará hoy'. Sin embargo, en ese mismo instante aparece el *Désirade* en la entrada de la Dársena, altísimo, flotando como un corcho arriba del agua porque está totalmente vacío.

"La policía igual nos expulsa para que compremos las tarjetas de ingreso, que finalmente habían llegado. Menos mal, veo llegar a Wladimir d'Ormesson, el embajador de Francia que fuera mi compañero de banco en la escuela Gerson: entramos con él sin problemas.

"Llegan Bernardo y Andrés, sin que se les note cambio alguno. Los muchachos logran recuperar sus valijas a pesar de la huelga y logran ponerse ropa civil. Está Manina d'Hunval (futura esposa de Bernardo), pero María Teresa Castrale (futura esposa de Andrés) queda bloqueada en medio de unos tiroteos en la Avenida de Mayo en donde los peronistas han instalado un mortero enfrente al diario *Crítica*, que se defiende a tiros. Finalmente, los peronistas queman totalmente el diario, maquinarias y edificio. Nos vamos a la embajada de Francia, en donde el embajador d'Ormesson nos ofrece un cocktail en honor a los voluntarios y sus familias."

Es fácil imaginar la alegría de la familia al recuperar en su seno a los dos hermanos sanos y salvos. Bernardo, con sus cinco años de guerra, traía un verdadero cargamento de condecoraciones del más alto rango, tanto inglesas como francesas, y todo tipo de citaciones de sus superiores. Andrés, que tuvo una guerra de solo un año de duración, también había acumulado inolvidables experiencias, como cuando su regimiento, el histórico Primer Regimiento de Marcha de Espahis Marroquíes que formaba parte de la famosa Segunda División Blindada (2ème DB) del general Leclerc, tomó el "nido de águila" de Hitler, el castillo de Berchtesgaden en los Alpes bávaros.

En Buenos Aires se les hicieron a los jóvenes toda clase de recepciones, honores y fiestas: pasados unos pocos días partieron con sus padres hacía su querido Cerro de los Pinos. Y una vez allí la vida de la estancia se restableció inmediatamente, como surge de una lacónica frase del Diario al día siguiente del regreso de los héroes de la guerra: "1° de noviembre: Andrés en la señalada de los corderos, Bernardo con los terneros del cuadro Permanente".

Al poco tiempo, el embajador d'Ormesson vino a Cerro de los Pinos con su mujer Conchita y no escondió su admiración por el papel asumido como voluntarios por los dos hijos de su amigo y ex compañero de colegio, así como por las realizaciones de la familia en la árida región patagónica. D'Ormesson era un hombre culto y literato que escribía muy bien y le gustaba conversar largamente con mi abuelo de sus recuerdos de adolescencia y juventud en común. Habían vivido en el apasionante París de aquellos primeros años del siglo XX ricos en innovaciones y creatividad; en sus memorias tituladas *De San Petersburgo a Roma*, publicadas muchos años después y en las cuales relata su extensa carrera diplomática, el embajador recuerda: "En la Pata-

Llegan sus hijos de la guerra

La familia en pleno

La Cruz del Cerro de los Pinos

gonia me encontré con mi amigo Jacques de Larminat, que era rey en su tierra y sus súbditos eran miles de ovejas".

En 1949, don Santiago tiene la alegría de casar a sus dos hijos con sus prometidas de larga data, respectivamente Manina d'Hunval y María Teresa Castrale, y al año siguiente nacía yo, inaugurando con mi prima María Ana la serie de veinte nietos que tendrían Santiago y Magdelon. La atracción de la tierra patagónica sigue incólume para mí, ya que aún mantengo casa y presencia asidua en Cerro de los Pinos.

En la estancia, la tradición de fe religiosa, tan fuerte en la familia, nunca se interrumpió. Se mantuvo la costumbre de llevar a la estancia a un cura misionero (durante mucho tiempo fue el padre Zacarías, y más tarde el padre Gruslin) para que diera misas diarias por períodos regulares de cuatro o cinco días corridos dos veces al mes, a las que asistían todos los habitantes de ambas márgenes del río. En las fiestas de precepto, la misa era cantada en latín, ya que todos sabían las Misas Gregorianas de los Ángeles y la del Sexto Tono.

Dentro de esa tradición se inscribe la historia de la Cruz del Cerro de los Pinos, que se ha vuelto un objeto de leyenda y punto de orientación que todos conocen en la zona. Los alumnos del Colegio Salesiano de Junín de los Andes hacen un peregrinaje anual a la cima del cerro, y la cruz es bendecida varias veces al año por curas deportistas que logran trepar los 1.250 metros de altura a los que se encuentra.

Los antiguos pobladores del lugar recuerdan la historia de la cruz, que es la que los guías cuentan a los turistas que vienen a nuestra región.

Dice así:

> *Antes de irse a combatir en la Primera Guerra Mundial, los cuatro hermanos Larminat decidieron pedir la protección divina, y para ello un amanecer subieron al cerro cada uno con una cruz de madera de ciprés. En la cima plantaron las cruces y las hicieron bendecir por un cura misionero que solía pasar por la estancia. El pacto que hicieron fue que al volver bajarían sus cruces, y, si alguno no volvía, su cruz quedaría representándolo allí arriba, en ese sitio tan querido por todos ellos. No fue uno sino dos los hermanos que cayeron bajo la metralla alemana. Los dos que volvieron, don Esteban y don Santiago, cumplieron la promesa de llevarse sus cruces, y con las dos que quedaron don Roberto hizo una más grande que dejó plantada en la cima.*

La cruz definitiva fue colocada e inaugurada para la Nochebuena de 1925. Mi tío Roberto había hecho el trabajo con la ayuda del matrimonio Liger; la cruz era de madera de ciprés de la cordillera, tenía casi cinco metros de alto, y una vez colocada se la podía divisar desde los cuatro puntos cardinales, poniendo los valles de los ríos Chimehuín y Quilquihue bajo su protección.

La cruz de don Roberto duró más de cincuenta años. Después de varios remiendos y arreglos, en la década de 1970 la estructura, ya dañada por el tiempo y las intemperies, fue destruida casi totalmente por una feroz tormenta de viento, y sus brazos volaron bajo el soplo del huracán por las laderas del cerro.

En 1982 tuve la satisfacción de reemplazar los restos de este monumento por una nueva cruz, de modo de mantener la tradición. Esta vez tuvo seis metros de alto y fue de acero, realizada en módulos cúbicos de no más de cincuenta kilos cada uno para que se los pudiera subir a mano hasta la punta del cerro y montar como las piezas de un mecano con los inexistentes medios que se podían encontrar allí. La cruz me fue donada por uno de mis profesores de la Facultad de Ingeniería, el ingeniero Augusto Spinazzola, a quien le gustó la historia que le conté y la hizo construir en su fábrica. Esa es la cruz que se ve hoy en día, y que ya lleva más de veinte años resistiendo al viento y a las tormentas de los inviernos patagónicos. En su interior coloqué los restos de madera de la primera cruz.

Esa es la tradición de la famosa Cruz del Cerro de los Pinos, y con ella terminó la historia de mi abuelo, también legendaria y también real, y que, lo mismo que la Cruz, es un homenaje a la Patagonia y a un hombre que sintió más que nadie el amor por esta tierra. Su recuerdo, el de su personalidad tan determinada y de su agudo sentido de la ética siguen todavía firmes en la renovación de las generaciones.

APOSTILLA

I QUERIDA ABUELA MAGDELON falleció en su casa de Cerro de los Pinos en la primavera del año 1987. De sus dos hijos, mi padre Andrés quiso quedarse en Cerro de los Pinos: sigue viviendo allí con mi madre; mi hermano Pedro y yo mismo nos hemos construido casas propias y tenemos la felicidad de verlos a menudo. Mi tío Bernardo vive en la provincia de La Pampa, y sus hijos están distribuidos en todo el país y hasta en Canadá. Tres de las hijas de don Santiago, Jacqueline, Simone y Michelle, conocidas por toda la región por su nombre colectivo de "Las Tías", viven todavía en la casa de mi abuelo, que ahora le tocó llamarse la Casa Vieja. Otra de las tías, Rosa Ana, es una de las pocas Larminat que vive en Buenos Aires, y sus dos hermanas casadas siguen viviendo en Francia. Tanta dispersión geográfica no impide que, sin excepción, todos los hijos de mis abuelos vienen aún periódicamente a visitar a sus hermanos a Cerro de los Pinos.

Los descendientes de don Santiago y de su hermano don Esteban son más de un centenar en la Argentina, y se han afincado en todo el ancho y el largo del territorio nacional. Desde Iguazú hasta el canal de

257

Beagle, pasando por las provincias de Misiones, Córdoba, Buenos Aires, Río Negro, La Pampa, Tierra del Fuego, la Capital Federal, y obviamente Neuquén, se pueden encontrar los retoños de aquellos pioneros. Algunos de ellos han emigrado a diversos países, y otros regresaron a Francia.

La estancia Cerro de los Pinos, que tanto significó para mi abuelo, sigue funcionando a la perfección, y sigue contándose entre las más bellas de la Patagonia. Varios de los hijos, nietos y biznietos de don Santiago siguen viviendo allí, protegidos por los grandes árboles que él plantó y que fueron multiplicados por millares.

Ya no están más las gigantescas tropas de merinos australianos que eran su orgullo, puesto que sucumbieron ante los bajos precios de la lana, como pasó en casi toda la Patagonia, pero fueron reemplazados por miles de vacas Hereford. Además, la belleza del lugar, sus ríos clarísimos, sus ciervos innumerables y sus edificios señores han comenzado a ser explotados para la industria del turismo y cada año pasan centenares de personas que vienen del mundo entero a disfrutar de la pureza del aire y de la belleza impoluta del paisaje.

La ambición de mi bisabuelo Jean de crear una nueva implantación de la familia en la Argentina ha funcionado de maravillas, y ya es la historia de un éxito, parecida a la de tantas familias europeas que han venido con sus ilusiones y su energía a formar el pueblo argentino y a poblar la Patagonia.

CUADROS GENEALÓGICOS

Descendencia de Don Santiago

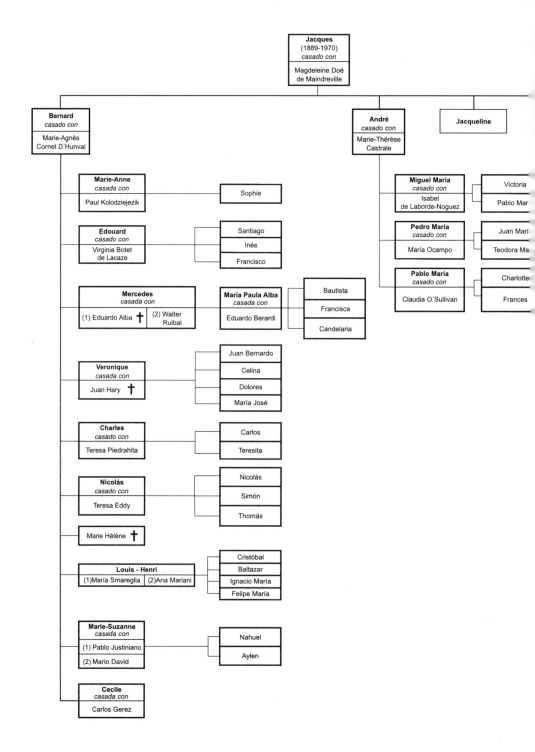

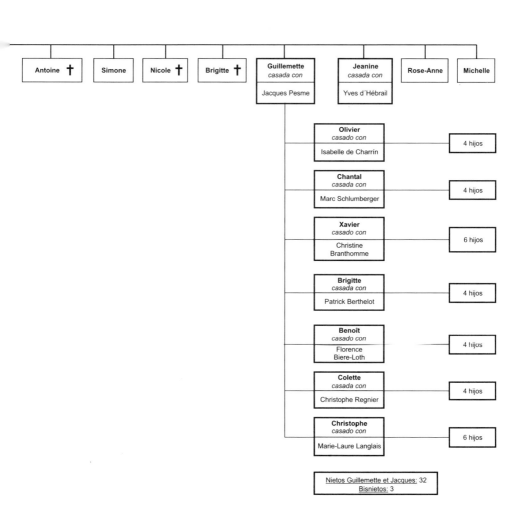

Antoine ✝	**Simone**	**Nicole** ✝	**Brigitte** ✝	**Guillemette** *casada con* Jacques Pesme	**Jeanine** *casada con* Yves d´Hébrail	**Rose-Anne**	**Michelle**

Olivier
casado con
Isabelle de Charrín — 4 hijos

Chantal
casada con
Marc Schlumberger — 4 hijos

Xavier
casado con
Christine Branthomme — 6 hijos

Brigitte
casada con
Patrick Berthelot — 4 hijos

Benoît
casado con
Florence Biere-Loth — 4 hijos

Colette
casada con
Christophe Regnier — 4 hijos

Christophe
casado con
Marie-Laure Langlais — 6 hijos

Nietos Guillemette et Jacques: 32
Bisnietos: 3

Descendencia de Jean de Larminat

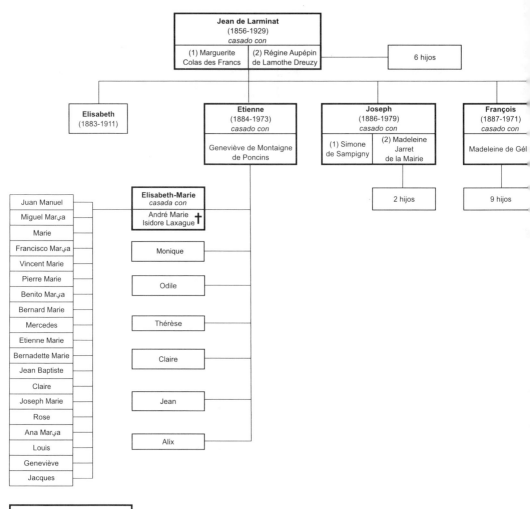

Jean de Larminat
(1856-1929)
casado con

(1) Marguerite Colas des Francs	(2) Régine Aupépin de Lamothe Dreuzy

6 hijos

Elisabeth
(1883-1911)

Etienne
(1884-1973)
casado con

Geneviève de Montaigne de Poncins

Joseph
(1886-1979)
casado con

(1) Simone de Sampigny	(2) Madeleine Jarret de la Mairie

2 hijos

François
(1887-1971)
casado con

Madeleine de Gél

9 hijos

Elisabeth-Marie
casada con
André Marie Isidore Laxague †

Juan Manuel
Miguel María
Marie
Francisco María
Vincent Marie
Pierre Marie
Benito María
Bernard Marie
Mercedes
Etienne Marie
Bernadette Marie
Jean Baptiste
Claire
Joseph Marie
Rose
Ana María
Louis
Geneviève
Jacques

Monique

Odile

Thérèse

Claire

Jean

Alix

Nietos de Elisabeth y André: 70
Bisnietos: 6

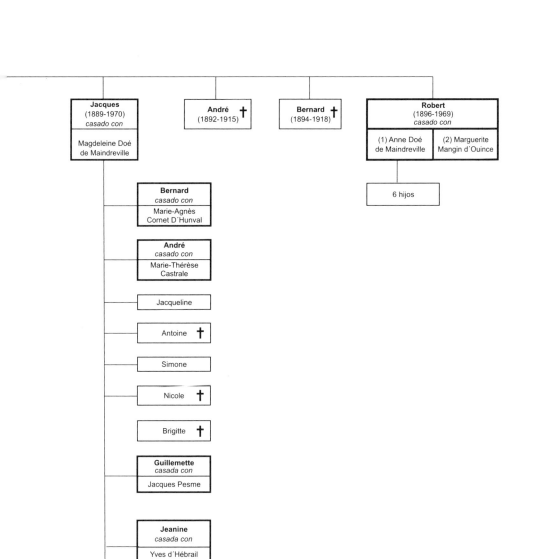